広島岡山の怖い話

岡 利昌

JN047976

竹書房
怪談
文庫

※本書に登場する人物名は、様々な事情を考慮して一部の例外を除きすべて仮名にしてあります。また、作中に登場する体験者の記憶と体験当時の世相を鑑み、極力当時の様相を再現するよう心がけています。現代においては若干耳慣れない言葉・表記が登場する場合がありますが、これらは差別・侮蔑を意図する考えに基づくものではありません。

まえがき――広島・岡山心霊スポット恐怖体験記

「御当地の怪談実話を一冊の本にまとめたいと思っています」

依頼を頂き、私は複雑な思いを抱いた。

幾度となく心霊体験をしてきて、なぜそのようなことが起こるのか不思議に思わなかったことはない。

初めての心霊体験は、まだ保育園へ通っていた頃。深夜に祖父母の家で川の字になって眠っていると、突然身体を揺さぶられた。そのまま四肢が持ち上げられ、乱暴に振り落とされて息が止まる。横に寝る祖母へ助けを求めようとした瞬間、強い視線を感じた。そこには壁にかけられた鬼の面があり、目が合うと同時に私の意識は途切れてしまった。

翌日、私は祖父母に面を捨ててくれと泣き叫んだ。祖母は言う通りに捨てたと嘘をつき、実際は傍の押し入れに面を仕舞って誤魔化した。なぜ、それが分かったのか。それは祖父母の家に泊まる度、深夜に押し入れが開き大きな目が私を睨み付けてきたからだ。

ちなみに面はいつの間にか押し入れから消えており、そもそも祖父母の家にどのような経緯で持ち込まれた物なのか知る者はいない。

今でこそ要望があり恐怖体験を語らせてもらっているが、昔は頭がおかしいと思われそうで口を噤《つぐ》んできた。

だが、大学時代、酒が入った勢いで私は過去の心霊話を語ってしまった。酔っていたとはいえ、これはまずいと思った。場が白けてしまう、おかしな目で見られてしまう。けれど反応は全く想像していないものだった。他に怖い話はないか、もっと聞きたいと言われたのである。

ほっと胸を撫で下ろしていると、参加していた友人のヤマさんから提案を受けた。

「だったら確かめてみないか？　心霊スポットに霊が現れるかどうか」

戯言《ざれごと》と思っていたが、ヤマさんは本気だったらしい。翌日には私の部屋にやってきて、近隣で評判になっている心霊スポットの資料を並べられた。

いわくつきの場所へ行くなど愚の骨頂。何度も説得を試みたが彼は折れない。それどころか「卒論テーマに回せるかもしれないぞ」と甘言され、こちらの意志を曲げる羽目に。

『霊は果たして本当に実在するのか。心霊スポット発生に条件は必要なのか』

それらを証明するため、若気の至りを言い訳にしながら行動した。

本書は当時の実体験を書き記すものであり、正に若気の至りの傷跡のごときものである。決して読者を心霊スポットへ誘うものではないことを改めて伝えておきたい。古傷が賢明な読者諸氏への警告となれば幸いである。

著者

目次

広島の怖い話

岡山の怖い話

目次写真　123RF

広島の怖い話

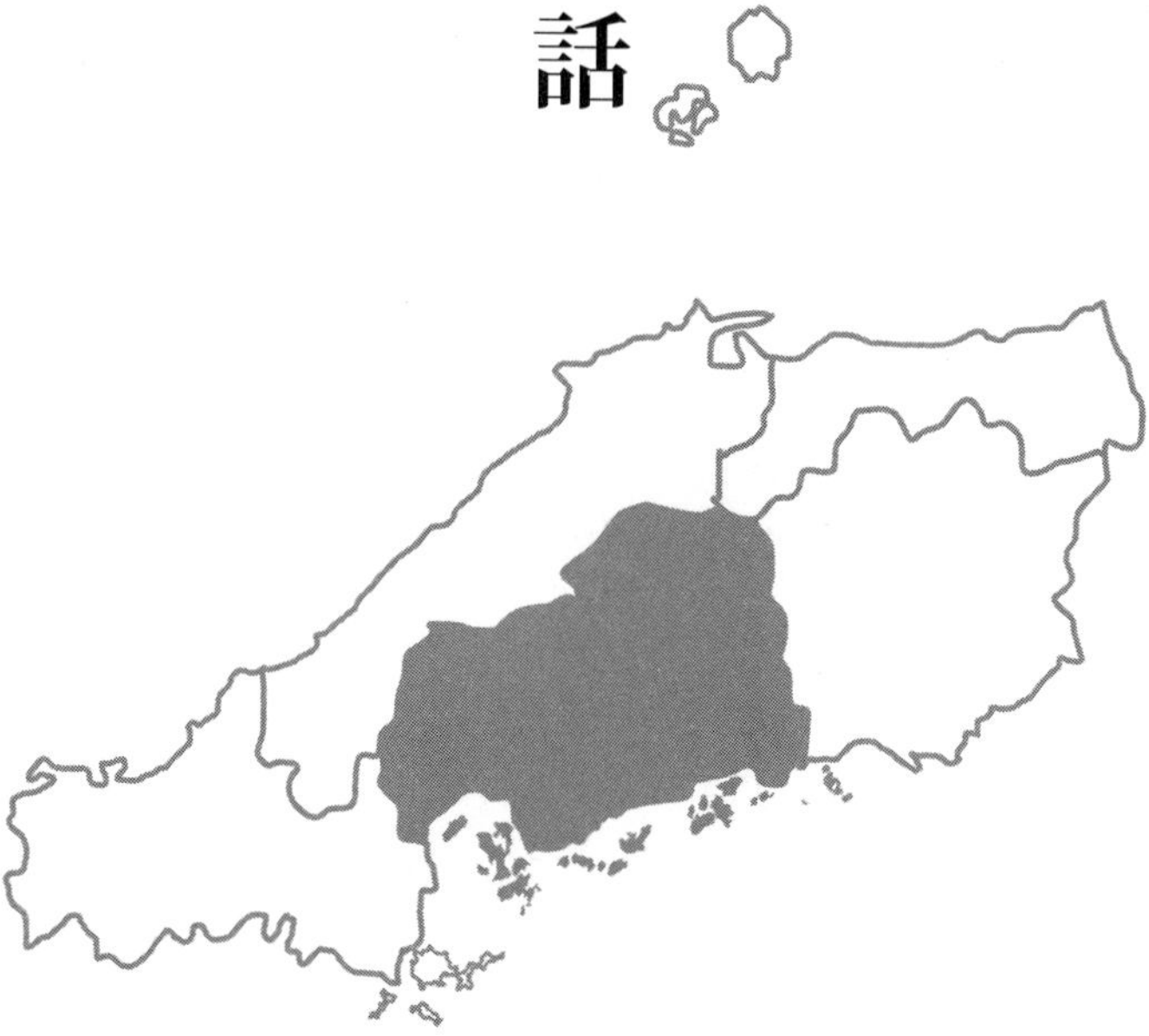

己斐峠・中村家（広島市西区・佐伯区）

広島の心霊スポットにおいて、最も有名といっても過言ではない場所、それが己斐峠《こいとうげ》である。

『広島で免許を取ったら山賊へ向かい、己斐峠には近付くな』という名言があるが、これは隣県である山口県の有名飲食店「山賊」まで辿り着けば一人前のドライバー、運転技術が未熟な内に己斐峠へ行けば事故を起こすぞという意味だ。

事実、己斐峠は急カーブの多い山道で、頻繁に事故が起きることから『魔の己斐峠』などと呼ばれている。

では、単に死亡事故が多いから心霊スポットとして評判なのかと言われれば、そうではない。本当に恐ろしいのは後に続く「中村家」なのだ。

「噂を聞いたことあるか？」

ヤマさんの言葉に「勿論」と返す。

己斐峠の途中にある白壁の民家、それが中村家である。数十年前に祖母・娘・夫が精神異常者に惨殺される事件が発生、犯人は玄関傍で祖母を、奥の部屋で娘を、更に二階で夫を刺殺。現在も犯人は捕まっていないと聞く。

中村家は自宅兼仕事場として使っていたようで、犯人は雇っていた従業員ではないかという噂もある。しかし――。

「殺された家族は四人だったとか、社長の父親が経営難を苦に一家心中を図ったとか、色んな説が飛び交っているな」

そう、話はあくまで噂の域を出ない。私の両親も事件のことは知らず、新聞記事なども調べた限りではない。

「何だ、デマ情報ってことか」

だが実際に中村家の噂が世に流れ始めてから、事故は激増した。何らかの関連があったとしても不思議でなかった。

「火のない所に煙は……ってことか。とにかく行けば何か分かるはず」

簡単に言ってくれるヤマさんに溜息を漏らす。

「出発は明日ってことにして、やっぱり深夜に探索するほうが霊は出やすいよな？」

ヤマさんの言葉に「いや、そうとは限らない」と答える。

深夜二時の丑三つ時が霊の時間と言われているが、常識的に考えて暗闇で何かを探すとすれば見落としが出るだろう。思うに夜六時台、俗に言う〈逢魔ヶ刻〉のほうが霊に遭遇しやすい。夕刻は『黄昏』、『誰そ彼』とも表記される。

「成程……何か本当に霊と会える気がしてきたな」

内心、会いたくない本音と会わなければ立証できない矛盾の板挟みで複雑だった。


翌日、地元の広島へ到着した私達はまっすぐ己斐峠へと向かった。

右へ左へと揺られる車内、昼に食べたカレーが胃を逆流してくる。

「トシ、見てみろ。あれが情報にもあった例の……」

車をバス停傍の路肩に停めて指差す先には、比較的新しい地蔵の姿。

この地蔵は事故犠牲者をこれ以上出さないために設置されたものらしいが、道路沿いに点々と七体も設置してあるのだとか。

「だが、七体目の地蔵を目撃した者は呪われるとか、深夜に地蔵の前で車が謎のエンストを起こしたという噂もある」

私が過去に聞いたのは、この己斐峠で事故を起こし、長く入院していた男性が地蔵のおかげで助かったとお礼参りに行った所、合掌している背後から「死ねばよかったのに」という声が聞こえた、という話だ。

「己斐峠の、というか中村家の呪いを解くために置かれた地蔵だよな？　むしろ呪いが広まってないか？」

確かにヤマさんの言う通りだ。結局、適当な作り話で脅かしている可能性は高い。

「何はともあれ、肝心の心霊スポットだが……峠の中間、林に囲まれた鬱蒼《うっそう》とした場所としか分からなかった」

それだけの情報を頼りに探すとなると気が滅入る。

「とりあえず、上ってみるしかないな。そこの細道から山へ入れそうだ、行こう」

先へ進んでいくと、遠くに白い外壁の家が見えた。情報に書かれた通りなので、そこが中村家に間違いなさそうである。意外とあっさり見つかってしまった。

周囲の林がざわざわと揺れて不気味さを演出する。何より目に留まるのは赤く錆びついた巨大な門。侵入者を拒むように上部には有刺鉄線が張られ、外界と隔絶されている雰囲気が色濃い。

「読みにくいが……門に『入るな？　危険』『死ぬ』と書かれているぞ」

門は先人の侵入者が作ったのであろう隙間がある。ここから入れそうだ。

「一応は敷地内だからな、見つかったら建造物侵入罪か」

確か三年以下の懲役または一〇万円以下の罰金だったはず……呪いよりも前科者になるほうがよっぽど怖い。社会的に死んでしまう。

「三年で時効になるって書かれていたから、逃げ通そう」

呆れた意見に溜息を漏らしつつ、ここで引き下がることもできない私は敷地内へと進む。

「思ったよりも広い……というか、別荘みたいな佇まいだな」

二手に分かれて周辺を歩き調べていると、ヤマさんから「おい、こっち」と呼ばれた。駆け足で向かうと扉があり、そこには『井上靖ようこそ』と落書きされている。

「誰だ？　芸能人か？」

芥川賞を取った小説家だと答えると、ヤマさんは「へぇ」と興味なさそうに答えた。

「それじゃ、すんません。失礼します」

彼は手をあわせ、深々とお辞儀してから家の中へ入る。私もそれにならって後に続いた。

「リビング、というか作業場みたいな感じだな……」

確かに資材やロッカーなどが置かれているのでそのような印象を受ける。壁の一面がシャッターになっており、荷物の運搬をしていた可能性は高い。奥には鉄骨でできた赤い階段があり、二階に上がることもできそうだ。

「仮に玄関がここだとすれば、中村家の祖母が殺害された場所になる」

斧か何かで斬り殺されたという噂だが、荒れている室内に血痕などそれらしきものは残されていない。

「どうだ、霊がいる感じするか？」

私は周囲を見ながら少し考え「いや、感じない」と答える。

「別の場所に行ってみよう」

隣の部屋は広く、角には洗面所や浴室が見えた。木材が散乱しているボロボロの床に足を踏み入れると、不気味な音とともに柔らかい感触がした。

「気を付けろ、底が抜けるかもしれない」

奥へ向かうのは危険と判断し、その場から部屋を見渡す。押し入れのようなものが見えるが、はっきりと中を確認することはできない。

「娘が殺害されたらしいが……おかしな点は特にないな」

とりあえず一階は一通り見たので、鉄筋階段を上ってみる。

二階の床には腐った畳のようなものが散乱していた。右にトイレ、左に錠付きの扉が見える。他の部屋と違って明るく感じるのは、白壁の効果かもしれない。

「壁の作りといい錠付き扉といい、何か特別な部屋だったのかもしれないな」

現在は心ない侵入者のせいで訳の分からない絵や汚い文字が書かれている。床には煙草の吸い殻や酒の空き缶などが散乱。やりたい放題だ。

「おい、使い捨てカメラが落ちているぞ。帰って現像してみようぜ」

そういうとヤマさんは手にしたカメラをポケットに入れる。

「別の部屋は……和室か？　腐った畳ばっかりだ」

どこも広々として何もない。いや、一階に比べてなさすぎる。もっと生活用具が残っていても不思議ではないと思う。持ち帰った、或いは盗まれたのだろうか。

「結局、噂に関するものは発見できなかったな……暗くなってきたし、写真を撮って退散しよう」

ヤマさんが撮影をしている間、私はあちこちを見て回る。一つ気になったのは一階へ向かう階段の壁に書かれた文字。上ってきた時には気付かなかったが、そこには『西島家』と書かれていた。中村家、ではない。ただの悪戯である可能性は高いが、妙に引っかかる。

「待たせたな、それじゃ行こう」

私は頷き、それ以上深く考えるのをやめた。

家を出ると辺りは暗く、やってきた時より不気味さが増していた。急いで下山することを決め、私は先導するヤマさんの後を追って歩いた。

車道へ出るまでの道程はほぼ直線だった気がするのに、ヤマさんは「こっちへ行くほうが早い」と言って別の方向へ進む。林の中を掻き分けて一〇分以上は歩いたと思う。流石におかしいと気付いた私はヤマさんに「本当にこっちで大丈夫？」と訊ねた。

「……」

ヤマさんは何も答えない。黙々と進み続けるのみ。

しばらくすると、突然開けた場所に到着。遠くには小さな街の明かりが見えることから、逆に山を登ってきたものだと理解する。

「ここじゃない、戻ろう」と話しかけるが、ヤマさんは聞こえないのか前へ進んでいく。待て、そっちに道なんてないぞ。私は大声で彼の名前を呼んだ。

「ヤマさん！　ヤマさん！」

こちらの言うことが耳に入っていない様子だ。私は走って彼の背中へ追い付き、腕を掴んだ。

「――ヤマ――」

次の瞬間、私の背中に痺れが走った。『何かヤバイ……』そう感じた時、私の横を真っ黒な人影がすり抜けた。

黒い影はそのままの勢いで先へ進み、山の端から身を投げた。

突然の出来事に口元を押さえてしまう。同時に前方のヤマさんが糸の切れた人形のようにガクリと両膝を折り地面へしゃがみ込む。

ここは……危険だ。その証拠に先程から悪寒が消えない。ヤマさんの袖を掴む自分の掌に汗が広がっていくのが分かる。早く、一刻も早くこの場から離れないと。

「ヤマさん……！　立って……！　ヤマさん……！」

必死に持ち上げようとするが、体格の良い彼の身体は動かない。とりあえず自分だけでも逃げて助けを求めるべきか？　いや、こんな状態の友人を置いていく訳にはいかない。ではどうする？　どうするどうするどうする……混乱しながら、やってきた林の方向へ振り返る。するとそこには――男性が立っていた。遠くから、じっと私達を見つめているように思う。

なぜこんな時間、こんな場所に人がいる？　しかも男の頭位置が『異常』に高い。

私のパニックを他所に、突き刺さるような視線はどんどん増えていく。少し離れた林の中、乱雑に置かれた鉄材の陰……視界の至る所から青白い人間の顔が浮かび現れては、こちらの様子を窺っている。それらが「現世の者」でないことは明らかだった。

安息の場所を荒らされた中村家の怨霊が私達に襲い掛かってきたのだろうか。とにかく恐怖で身体が動かないでいると、唐突に背中を掴まれた。思わず「えっ」と声を出して振り返ると、そこには俯いたヤマさんが立っていた。

ヤマさんの頭がゆるりと私に近付くと、しわがれた年寄りのような声で囁《ささや》く。

「――死ねばよかったのに」

ここで私の意識は途絶えてしまった。

翌日、私は車の助手席で目を覚ました。慌てて状況を把握しようとする私に、運転席のヤマさんが「お、目が覚めたか」と声をかけてくる。

何があったのか状況を聞くと、ヤマさんは呆れたような顔で「覚えてないのか？」と言う。

「中村家を出た頃から、突然様子がおかしくなったんだよ。ぼうっとして上の空みたいな感じでさ。話しかけても反応ないし、とりあえず山を下りるぞってことになって。俺が先導して車道に出て後ろを振り返ったらトシがいない。どこへ行ったんだと山の中を一時間近く捜索したかな……これは大変なことになったと思って、とりあえず警察へ連絡しなくちゃと一旦車を置いた場所へ戻ったのさ。そしたらお前、ちゃっかり助手席で寝ているしよ。マジで焦ったぞ」

……本当に覚えていない。

一人で車に戻った？　では私が見た、あの出来事は夢とでもいうのか？

「どうした、青白い顔して。何かあったのか？」

私はヤマさんに事情を説明。真剣に話を聞いていた彼は、あることを思い出した様子。

「そういえば……己斐峠について調べた際、ある新聞記事を見た。そもそも俺達が生まれるずっと前から、峠では悲惨な事件が頻繁に起こっているらしい。土砂崩れによる生き埋め事故や女性誘拐、死体遺棄や自殺など……中村家の噂が広まる、ずっと以前からだ」

それらの事件は全て、己斐峠山頂付近で起こったらしい。だとすれば私が見た、あの青白い存在は……過去、この地で亡くなった怨霊とでも言うのだろうか。

「元々、この山そのものが怨霊の溜まり場となっていたとして……そんな場所に家を建ててしまったことから不幸に巻き込まれたという可能性はあるんじゃないか？」

話を聞き終えた私は深い溜息とともに座席をリクライニングさせた。噂は、あくまで噂でしかない。けれど最初ヤマさんが言った通り、火のない所に煙は立たない。何かしらの原因が、その場所にあるのだ。

「ちなみに岡山・広島は知る人ぞ知る心霊スポットの宝庫らしい。次は霊の証明ができるといいなぁ」

走り出した車の振動を感じながら、私は改めてとんでもないことに片足を突っ込んでしまったなと後悔していた。

――後日、ヤマさんが撮影した写真は一枚残らず真っ暗になっていた。インスタントカメラなのでレンズに蓋がついたままだったというケアレスミスではない。残ったフィルムで大学を撮影したがそちらには異常はなく、写真屋が現像の際に何かしらミスをしたのではないかという結論に至った。店の主人が謝りながら何度も首を傾げていたのを覚えている。

そしてもう一つ、中村家からヤマさんが持ち出したカメラ。こちらも現像してみると、昼間にやってきたのだろう若い男女が映っていた。しかし……。

二人の全身は、なぜかオレンジのようなモヤに囲まれている。それを見たヤマさんはぼそりと、「まるで焼身しているみたいだな」と呟いた。名も知れぬ二人の安否を願う。

あれから時が経ち、令和の今、この廃屋は現存していない。

黒瀬病院・黒瀬トンネル（東広島市・呉市）

　大学が夏休みに入ったのを機に実家へ戻り、ダラダラと過ごしていると突然携帯電話が着信音を鳴り響かせた。

「よおトシ。今日って予定あるか？」

　特に何もないことを告げると、彼は「丁度よかった」と声を弾ませる。

「実は高速使って広島に向かってるんだわ。アレ行こうぜ、アレ」

　嫌な予感がしつつ、改めてアレとは何かを聞き返す。

「心霊スポットだよ。場所はこっちで目星付けてるから、心配しなくていいぞ」

　思わず溜息を漏らしながら、誘いを無下にできない私は渋々了承する。

　昼前には駅で合流し、食事を摂りながら話を聞く。

「今回向かうのは――黒瀬病院だ」

名前を聞いてもピンと来なかった。初めて聞く名前である。

「東広島市黒瀬にある廃病院だ。正式名称は『正仁クリニック』だが、黒瀬にあるってことから黒瀬病院と呼ばれているらしい」

病院が潰れるというのは結構大事の気がする。理由は何なのだろうか。

「調べたが、さっぱり分からん。噂では院長が治療代を割増していたのがバレて免許剥奪されたとか、経営困難の果てに夜逃げしたとか」

そこで亡くなった患者が、夜な夜な院内を彷徨《さまよ》っているとか？　やれやれ……。

「どうした、今回はテンション低いな」

自殺名所や事故現場が心霊スポットというのは、まだ理解できる。死して尚、怨みが晴れなかったり自身が死んだことを理解できないまま現世に留まっているというなら納得だ。けれど病院は？　うまく説明できないが――。

「動機が薄い、と？」

そうだね、と頷く。ヤマさんは腕を組み、少し考えた後で言った。

「とりあえず現場に向かってみようぜ。そこで霊に遭遇したら直接聞けばいい」

成程、一理あると思った自分が恥ずかしい。

「言わんとすることは分かるが、それだと学校も同じだよな」

運転しながら、再び心霊スポットの話をする。

「学校で死んだ訳じゃなくても子供の霊が現れるとか、普通に考えておかしいだろ」

確かに、意味合いとしては病院と同じだ。

「俺が思うに、生前に思い入れの強かった場所って『決まり』があるとかさ」

だとすれば入院歴の長かった患者が亡くなった際、一番思い入れの強い場所が病院となる可能性は高い。しかし現場は元々クリニックだったと言う。病院とクリニックの違いは分からないが、多くの患者が亡くなっているとは考えにくい。

「二〇床以上のベッドがあれば病院、それ以下や入院できない医療施設は全てクリニックや診療所に分類されるって聞いたぞ」

人は得体の知れない場所に不気味な存在を作りがちだ。そうすることで自分を納得させたい節があるように思う。

「実際に窓から不気味な影が見えたという目撃情報や、屋上で手を振る女性の霊、廊下から足音が鳴り響いたという噂に、肝試しで探索した者が高熱にうなされたという話もある」

今回は期待薄だなと思いつつ、それでも私は廃墟を見るのが嫌いではないので楽しみにもしていた。

「そろそろ現場に着くぞ」

時間はそれ程経っていないように思える。意外と早かったなと思いつつ窓の外を注視し、私は「え？」と言葉を漏らす。

決まりがある訳ではないが、心霊スポットは本来あまり人が立ち入らないような不気味な場所という認識がある。けれどここは、明らかに住宅街。窓から洗濯物を干している家もあれば、恐らく学生達の通学路にもなっているだろう。

こんな所に廃病院があれば目立って仕方ない。デマを掴まされたのではないかと考えていた次の瞬間——それは現れた。

まるで学校のような白く四角い建物、全ての窓が割られており、入り口はお粗末なバリケードで遮られている。

建物の裏に車を停めて、外へ。民家に囲まれた廃墟は、別の意味で異様な雰囲気を放っていた。

おい、本当にここで間違いないのかと訊ねる。

「こっちへ来てみろ」

　歩き出すヤマさんについていき、先程の正面玄関らしき場所まで戻ると彼の言わんとすることが理解できた。

　バリケード越しではあるものの、そこには建物に『正二クリ一ック』と書かれている。元々は正仁クリニックだったのが、劣化して文字パーツが抜け落ちたのだろう。

「早速、中を調べようぜ」

　確かにウロウロしていたら近隣住民に通報されそうだ。手短に済ませなければ。

「流石に正面から入るのは厳しいが、結構どこからでも入れる感じだな」

　確かにフェンスは私の背丈より低く、高台のようになっている所からの侵入は可能と思えた。正直、本気で入らせまいという気持ちが伝わってこない。諦めているのだろうか。

　何はともあれ今の私達にとっては都合が良い。フェンスをよじ登り、いよいよ中へ。

　建物は二つに分かれており、それを連絡通路で繋げている。

「恐らく外来と病棟で分かれているんだろうな」

　割れた窓をくぐれば、病院らしい真っ白な空間が広がる。三階建てで、部屋数は多い。むしろ、建物に対して異様なほど多い気さえした。

それに比べ窓は少なく、外は陽が高いのに薄暗い。まっすぐ続く通路の端々には割れたガラスの破片や消火器が転がっている。火災でもあったのだろうかと思ったが、焦げ跡など一切見受けられないことから、侵入者が窓を割るなどするのに使ったのだろう。

何かを運ぶためと思しきリフトがあったが、棚や機材といった当時の面影を残す物はほとんどない。唯一の違和感は——。

「落書きがないよな」

ヤマさんの言葉に合点する。廃墟には必ずストリートアートを気取った文字や絵が壁に描かれているものだが、それらがない。その一方で窓を破壊し尽くすという過激な一面を覗かせている。

「噂の通り、病院側が不正を行い……怒りの矛先が向けられたとか？」

様々な考察をしつつ、病室内を歩き終えた。適当に色々な場所をヤマさんがカメラで写真に収めつつ、一時間も経たない内に病院を後にした。

「どうだった？　何か霊の感じはしたか？」

車に乗り込んだ後、待ち構えていたように訊ねられる。それに対して私は「全く」と首を振る。単純に、何もないといった印象だった。不気味さも廃墟としての切なさもない。

「何だよ、つまりはデマだった訳か」

一概にそうとは限らない。私には感じなかった、それだけの話である。

「一応、保険もかけておいてよかったぜ」

そんなことを言いながら車を発進させるヤマさんに、私は「どういうこと？」と言う。

「実は、もう一箇所心霊スポットがある。黒瀬トンネルだ」

黒瀬トンネル……黒瀬隧道とも言うが、こちらは知っている。むしろ最初に黒瀬病院へ行くと聞かされた際、黒瀬トンネルじゃないのかと思った程。

広島県呉市でも有名な場所で、過去には死者が出たと聞いたが詳しくは知らない。トンネルの傍には墓地やダムがあり、霊が集まりやすいのだとか。

「調べてみると、確かに墓地やダムはあった。トンネル採掘の際には落盤事故が起こり、作業員二名が亡くなっているらしい。慰霊碑がある」

そもそもトンネル自体が景色を急に暗転させ、外界と隔絶されたような感覚に陥りやすい。それは日本神話の黄泉路を連想させて……おや、私は今、何の話をしているんだったっけ……。

「トシ、お前大丈夫か？　顔色が悪いぞ」

確かに身体が寒く、頭だけ熱い。

「ここで引き返すか？」と言われ、私は「大丈夫」と答える。その代わり、現場に到着するまで眠らせてほしいとヤマさんに頼んだ。

シートを倒して目を閉じた直後、先程聞いたある言葉を思い出す。

『肝試しで探索した者が高熱にうなされたという話も――』

まさかなと自嘲しつつ、私は眠りに落ちていった。

どれくらいの時間が経ったのだろう。耳元で名前を呼ばれ、覚醒する。

「着いたぞ。体調は大丈夫か？」

ヤマさんに「問題ない」と返し、改めて窓の外を眺めた。辺りは暗くなっており、正面には車のライトに照らされる交通標識と大きな看板。

「黒瀬トンネル、一五〇メートル先……ここで間違いない」

まるで門のようにそびえる看板下には、侵入者を拒むようなブロックが並べられている。

「簡単に乗り越えて進めそうだな。よし、ここからは歩こう」

車を路肩に停め、それぞれ懐中電灯を手にして外へ出る。山や樹々に覆われているのだが、周囲は不気味な程に静かだった。

「うおっ、今なんか向こうで物音がしたぞ」

ヤマさんが怯えた声を出す。こんな場所だ、猪や鹿がいても不思議ではない。

とりあえずまっすぐ進んでいくが、道の端々が草木に浸食されかけている。使わなくなっているのだから当然の話だ。

「……おい、トシ。あれを見てみろ」

横を歩くヤマさんが指差す方向にライトを当てると、ぼんやり白い物体が浮かび上がった。これは……石碑か。

「ええと……『黒瀬随道殉職者之墓』……恐らく亡くなった作業員達の……」

噂は真実だったということになる。私達はとりあえず石碑の前で合掌をして更に奥へ。

「――あったぞ。ここが黒瀬トンネルか……」

入り口をフェンスで塞いでいるが、これまた簡単に上って通れそうだ。近付くとトンネルの向こうから冷気を感じる。

「トンネルの長さは二七六メートルって書かれてあった」

フェンスを越えてトンネル内に光を照らす。次の瞬間、キィキィと甲高い声を立てて数匹の蝙蝠《こうもり》が飛び立っていく。まるでゲームのダンジョンだ。

「外観……どうだ？　何か感じたりするか？」

正直に言えば石碑の辺りから薄気味悪さは感じている。背中がビリビリと痺れ、警戒を促していた。けれどここまで来て引き返す訳にもいかない。

思った以上にトンネル内は暗く、もはや暗黒の領域。ヤマさんが周囲を、私が足元を照らしながら少しずつ進む。

「壊れた電飾のようなものや割れた石などが転がっているな……もしかしたら天井が崩れ始めてるんじゃないか？」

生き埋めにされるのは勘弁してほしい。そんなことを思いながらトンネル中央辺りに来た時、突如私の全身に強力な寒気が走った。

それとほぼ同時に隣のヤマさんが「足場が変わったな」と言い始める。

確かに先程までのアスファルトが、急にぬかるんだ泥のようなものに変わっていた。

嫌な予感がした私はヤマさんの腕を掴み、その場に停止させる。

「どうした、何か見つけたのか？」

私が何も言わずに立ち止まっていると——ザリ、ザリと物音が聞こえた。ヤマさんもそれに気付いたのか、喋らなくなってしまう。

震える腕を掴みながら、トンネルの先へライトを当てる。闇で何も映らないはずの奥が、不自然に蠢《うごめ》いている気がした。

距離にして一〇〇メートル程だろうか。不気味な音の感覚は狭まり、少しずつ大きくなっている。身体を膠着させたまま凝視していると、その〈形〉がぼんやりと分かった。

これはヤバいと感じた私は、掴んでいたヤマさんの腕を思いきり三度叩く。事前に作っておいた、逃げる際の合図である。

私が反転して走り出すと、続いて足音がついてきた。ヤマさんに違いない。

ザリザリザリザリザリザリザリッ！

その後方から物凄い速度で近付く怪音。トンネルの反響により四方八方から大勢に囲まれるような感覚がした。前方を光で照らす余裕もなく、ひたすら闇を駆ける。横から腕が伸びてきて捕まるのではないかという恐怖感に襲われながら、とにかく前へ。

全速力でトンネルを抜けた私は安堵しつつ、ヤマさんの様子を確かめるために振り返った。すると次の瞬間――。

闇の中、四つん這いのように身を低くして片手をこちらへ伸ばす男の姿が見えた。口を大きく開き、助けを乞うような表情をしていたように思う。なぜはっきりとしたことが言えないのかというと……。

私の記憶が、途絶えてしまったからである。

「――トシ、トシ！　しっかりしろ、大丈夫か!?」

ヤマさんの声が聞こえ、私は意識を取り戻した。一瞬何がどうなっているのか分からなかったが、聞くと突然両膝をつき、前屈みに倒れ込んだらしい。皮肉にも記憶をなくす瞬間に見た男の姿に似ていた。

ヤマさんの肩を借りながら車へ戻る途中、自分の身に起きた出来事を説明してみる。

「……それがトンネル採掘中に命を亡くしたっていう作業員の霊、か？」

分からない。ヤマさんは見てないのか訊ねると「見ていない」と言う。

「しかし音は聞いた。ザリザリっていう不気味な感じの……あれは這った際に生じる地面の音だった訳か」

正体は分からない。近くにあるとされる墓地の浮遊霊かもしれないし、ダムで自殺を図った霊の怨念かもしれない。けれども私には、助けを求めているように感じられた。


それから数年後、友人の知り合いが黒瀬トンネルに肝試しに向かったらしい。

そのときは入り口のフェンス前にブロックが置かれ、中には入れなくなっていたそうだ。残念に思いつつトンネル周囲を観察すると、ブロックの隙間を発見。ライトを近付けて内部を覗き見ると、暗闇に佇む人の姿があったと言う。

私が見たモノと同じなのだろうか、それとも……。

一家失踪事件・京丸ダム（世羅郡世羅町）

広島県世羅郡《せらぐん》に『京丸ダム』という場所がある。平成八年に建設された灌漑《かんがい》用重力式コンクリートダムで、湖名は『香竜湖《こりゅうこ》』。総貯水容量は約五〇万立米、四角い建物に三角屋根の取水施設がお洒落で、自然の景観が美しい場所である。

ダムと言われれば自殺や心霊スポットを連想しやすいが、京丸ダムではそういった噂は聞かない。ちょうど私が大学生の時に起きたある一件の出来事を除いては。

それが現在も未解決事件として取り沙汰される『広島一家失踪事件』だ。

事件の概要を説明すると、二〇〇一年六月四日、京丸ダムから南へ約一〇キロ離れた場所に住むYさん一家が忽然と姿を消したのである。

被害者は御主人と妻、娘と祖母そして愛犬。

まず六月三日。公立小学校の教諭をしている娘が、一人暮らし先から実家へ顔を出す。

「化粧品を取りにいく」と結婚の約束をしている男性に連絡をしていた。家族仲は良く、実家に戻ることも度々あったらしい。

同日二二時五〇分頃、近所の者が車の扉を閉める音を聞いている。

翌日の六月四日、朝四時に新聞配達員が朝刊をポストへ。Y家の自家用車はなかった。

同日昼、妻は社員旅行に出掛ける予定だった。けれど集合時間になっても姿を現さないので同僚がY家を訪れる。

玄関や窓には鍵がかけられていたが、台所や廊下から明かりは見えた。外から名前を叫ぶが反応はなく、不審に思った同僚はYさんの親族を調べて連絡。

親族は警察を呼び自宅内へ。家の中は争った様子もなく台所には朝食用の味噌汁が用意されており、電気やテレビはついたまま。妻が準備したであろう旅行カバンや現金一五万円は封筒に残され、貯金通帳も置かれていた。

御主人のポケベル、妻や娘の携帯電話も家で発見される。祖母が使っていた布団は人型に持ちあがっており、直前まで寝ていたことは想像に難くない。更に娘の部屋から綺麗に畳まれた洋服が見つかる。寝間着か部屋着に着替えたのだろう。

改めて捜索願いが出され機動隊が動き出す。ヘリコプターによる捜索も行われたが一家は見つからなかった。

翌年の二〇〇二年九月七日、地域住民から「京丸ダムに車が沈んでいる」と通報が入った。結果、ひっくり返った車内から山下さん一家と愛犬の白骨遺体が発見された。娘以外はパジャマにサンダルという姿。

その年、深刻な雨不足によりダムの水位が下がったことから車が発見できたと思われる。

車体はナンバープレートが折れ曲がり、フロントガラスにヒビが入っていたが、大きな損傷はなかった。窓は運転席だけ開いており、車の鍵は刺さったまま。ギアはニュートラルに入っていて全員がシートベルトを付けていなかった。

ダムの入り口には転落防止用の車止めがあり誤って侵入したとは考えにくい。警察は関係者等から事情聴取を行い『無理心中』と断定。事件は一応の解決をみた……。

が、明らかに無理心中とは考えにくい。まず近隣住人からの聞き込みによるとY家の仲は円満そのものといった家庭であり、他者から怨みを買うような家族ではなかった。お金に困っていたという話もない。

不可解な点は多々ある。娘はたまたま実家に戻っていた。心中とは辻褄が合わない。パジャマにサンダル、犬まで連れていった点、電気やテレビはつけっぱなしなのに、施錠だけはしっかりしている点……どれもこれも謎だらけだ。

一部では妻が職場の同僚と不倫関係にあり、それを知った御主人が無理心中を図ったという噂もあるが、実際そのような証拠はない。

もう一つ、『神隠し説』がある。現場付近にある大将神山は古くから神隠しの伝承が残されている山で、その被害者とされたのがY家の祖先であったとか。

ここで私の個人的解釈を語らせてもらいたい。

とある心霊話なのだが、一家団欒《だんらん》中に突然観ていたテレビからノイズが走った。それがきっかけとなり家族が狂ってしまったという内容である。

両親の口は半開きとなり、瞳孔が開いていたという。心配になって話しかけると、脈絡もなく「ところで、あなたはいつ死ぬの？」と母親が話し始めた。聞き間違いかと思っていると父親まで「そうだな。いつにするんだ？　自殺か？　他殺か？」と言い出す。

恐ろしくなった体験者は家を飛び出て友人宅へ逃げ込む。友人は話を聞いた後、有名な悪霊祓いの住職を見つける。住職は「危険な状態だ、すぐに現場へ案内してください」と言ってくれたので再び自宅へ戻った。家の中は正に地獄絵図といった感じで、父親は両腕と両足から血を流しながら徘徊を繰り返し、母親は浴槽で溺死を試みている。更に弟は自分の身体にカッターで住所を刻み込んでいたのだとか。その後、住職の力をもってしても家族を元に戻すことは叶わず、今も施設で奇行を繰り返しているという。

作り話だと決めつけるのは簡単だが、私自身も似たようなことを体験した覚えがあった。幼少期に見たテレビ欄にも残らない不気味な放送。それを最後まで観た者は不幸に見舞われ、更に同時期同じ番組を見たという目撃情報が全国から多数寄せられていること。

脳は電気信号によって情報をやり取りされていると聞く。催眠術に私は詳しくないが、理論的には似たようなことではないかと思う。『呪い』も、もしかすると計画的に意図されたものなのかもしれない。

話を戻そう。私が気になったのは「Yさん宅のテレビがつけっぱなし」だった事実。一家団欒中だった時、突然テレビから『自殺を示唆する番組』が流れたとしたら。突如狂った家族は眠っていた祖母を起こし、犬を抱いて家を出る。死に場所であるダムを目指し、車内で楽しそうに笑い声を上げながら……。

旧・少女苑（広島市佐伯区）

かつて広島市佐伯区三宅町字入ノ谷に〈貴船原少女苑《きふねばらしょうじょえん》〉という女子少年院があった。一九四九年に開設されたが、一九九四年に東広島市へ移転。無人と化した敷地内に暴走族が夜な夜な侵入し、エンジン音を鳴り響かせたり花火を上げたりと問題を起こしていたという。

ちなみに女子少年院とは家庭裁判所から送致されたおおむね一二歳以上、二十三歳未満の女子が更生及び一般社会に移行するためのスキルを身につける場所である。今は希死念慮《きしねんりょ》や自傷行為、摂食障害などで苦しむ〈非社会的〉事例で送られてくるケースも多いが、当時は窃盗や障害、薬物や売春という〈反社会的〉な事例がほとんどだった。

それ故に職員の中には、犯罪に手を染めた少女達を人間として扱わない者もいたという。

指示しても言うことを聞かずに反抗する少女達の統制は容易ではなく、舐められたら負けという思いから行き過ぎた暴行、虐待行為が行われたとしても不思議ではない。

実際、近隣の広島少年院では二〇〇九年に五十二人の収容少年に対して、百十五件の暴行や虐待行為が教官の手によって行われていたという記事も残っている。

そんな旧・少女苑がなぜ、心霊スポットとして知れ渡っているのか。当時、少女苑にいたという女性から話を聞くことができた。

「年齢や入院歴によって上下関係があり、一部の者達はイジメの対象となっていましたね。上には決して逆らえず、抗おうものならリンチを受けていました」

教官に報告はしなかったのだろうか。訊ねると彼女は苦笑いのように口の端を上げた。

「教官も同じように日々の鬱憤を私達で晴らしていましたから」

そんなある日、事件は起こってしまう。

イジメを受けていた少女が耐えきれなくなり脱走したのである。刈った雑草を捨てにいく名目で一人となり、怪我を負うことも厭わず有刺鉄線の壁を上って苑外へ出たのだ。

教官達は脱走に気付き、山狩りを決行。山陽自動車道にある貴船原横断橋を渡ろうとしている少女を発見、捕まえて苑へと連行。

「彼女は通称『開かずの間』と呼ばれる独居房で一日中体罰を受けました。そこは鉄の扉になっていて、離れにあるので叫び声も届きません」

教官達からすれば、脱走など自分達を馬鹿にされたような気分のはず。二度と歯向かわないよう徹底的に身体へ覚えさせるつもりだろう。

「ある日、作業をしていると職員棟へ呼び出されました。私の他にも数人いて、荷物運びをしろと言われるんです。冷蔵庫でも入れるような大きな箱でした。重さもそれなりにあって、四人くらいで持ち上げるのが精一杯といった感じ……」

嫌な予感がした。もしかして……。

「分かりません、本当のところは。ただ、運ぶ先は苑の裏にある『入りの谷溜池』でした。セダンのトランクに乗せてゲートをくぐり、溜池へ箱を下ろしたら教官を残して車で戻されるんです。決して中身を、これから行うことを見られないように」

何回、その運搬作業を行ったのか聞いてみる。

「三回です。教官の息がかかった先輩もいて、常に口外しないか監視されていました。元々気の弱かった私は精神的におかしくなり、挙句に大病を患ってしまったんです。苑内での治療は困難と判断され運良く退所になりましたが、あのまま残っていればどうなっていたか……」

現在はすっかり元気になったようで、何よりである。

「今でも夢に見ます。ドラマなどで受刑者が出所する時、教官から労いの声をかけられるじゃないですか。もう来るなよとか、頑張れよとか。最後に私が教官からかけられた言葉って何だったと思います？『分かってるよな』でしたから」

短い言葉の中に色んな意味が凝縮されていて、背筋がゾッとした。

ちなみに旧・少女苑が心霊スポットと呼ばれていることについて、どうお考えなのか。

「当時の凄惨な出来事を知っている者からすれば、負の感情の残留思念があったとしても不思議じゃないですよね……。ところで、どのような噂が流れているのか教えていただくことはできますか？」

訊ねられ、私は事前に集めた資料を取り出す。

地元の男女六名が旧・少女苑へ肝試しに行った際、入り口前に車が停まっていた。既に先客がいるのかと思いながら廃墟と化した苑内を探索していると、正面玄関で女性が四～五名立っていた。思いきって声をかけるが、彼女達は無表情のまま一言も話さず奥に向かって歩き出したらしい。その後も中を巡ったが、彼女達には遭遇せず。そろそろ帰るかと外に出た際、入り口前に停められた車を囲うように彼女達は立っていた。乗る素振りもなく喋る訳でもなく、ただ全員がこちらを黙って見つめ続けていたらしい。しかしそれだけで何もしてこないので、無視して横を通り自分達の車を発進させた。帰る途中で「あれは何だったのか」という話で盛り上がる。だがそこで食い違いが生まれた。「髪の短い子は可愛かったな」「そんな子いたか？」「というか女なんていた？」「……え？」「そもそもあいつらはどうやって帰るんだろうな」「普通に車で帰るだろ」「いや、全員乗れないだろ」「五人乗りで四人だから大丈夫だろ」「は？七、八人はいたぞ」「……は？」どうしても気になった男達は女性を送り届けた後で苑に引き返すことを決意。かなり時間が経っていたので、流石にもういないだろうと思ったが……いた。同じように車を囲う少女達の姿が、そこにはあった。流石に異常だと気付き逃げ帰ったが、一年後、男は別の連れから少女苑へ肝試しに行こうと誘われる。正直行きたくなかったがビビッていると思われたくないので渋々同意する。

嫌な予感を覚えつつ苑の入り口に到着した時、彼は目撃した。あの時と全く同じ車が停まっていることに。車は埃だらけで周りの草も伸び切っていたが、男は寒気が止まらなくなり引き返したという――。

話し終えた後、明らかに女性は顔色を変えていた。自らの身体を抱きしめるようにして、言いにくそうに「……あの」と呟く。

「停まっていたという車……色や車種は分かりますか？」

きちんと話したつもりが説明不足だったことに私は気付く。

確か色は白で車種は――。

「「セダン」」

同調したことに驚き、資料から目を離し彼女を見つめる。

なぜそれを、と言いかけて思い出す。彼女の語ってくれた話の内容を。

【荷物運びをしろと……冷蔵庫でも入れるような大きな箱……四人くらいで持ち上げるのが精一杯……入りの谷溜池……セダンのトランクに乗せて……】

更に彼女は、こうも言っていた。

【三回です……あのまま残っていれば私もどうなったか……】

運搬を手伝わされた少女は四名、運搬をした回数は三回。肝試しを行った男達の証言の食い違いは四名から七名……多少の誤差があるが、これは……。だが、四名の一人は目の前の彼女だ。

「……すみません、気分が優れないので帰らせていただきます」

そういうと彼女は自分の車に乗り込み、走り去っていった。気分を害させてしまったと思い、私は数日後に改めて彼女に連絡を入れたが……。

一瞬だけ電話が繋がったものの、すぐに切れてしまう。

彼女の消息は、それから掴めていない。私が知っているのは走り去っていく彼女の車がやってきた方向とは逆の、山陽自動車道方向へ向かっていたこと。そして――。

電話越しにボコボコという不気味な音が、二～三秒流れた事実だけである。

魚切ダム（広島市佐伯区）

広島は恐い人が多いというイメージが強いらしい。方言の圧が強かったり映画や漫画の影響だったりするのだろうが、正直、昔は暴走族やヤクザが多かった。だが広島は、原爆が落とされて孤児となった者も多かった。その中で生き抜いていこうとするならば綺麗事など言っていられない。褒められたことではないが、それだけがむしゃらに生き抜いてきた結果でもあると私は思う。

「チンピラと違ってヤクザは筋を通す。面子《めんつ》が何より大事なんよ」

友人の伝手《つて》により、かつて組織犯罪対策部――通称・組対〈ソタイ〉で長年働いていた三國さんに話を聞くことができた。

彼は白髪をオールバックにしており、潰れた耳や鋭い眼光から、失礼ながら「捕まえる側というより捕まる側」に見えてしまった。捜査上「それらしい様相」でなければいけなかったようで、現役を退いた後でも長年染みついたスタイルは直せなかったと笑う。

そんな三國さんから聞きたかった話とは、勿論オカルトの真相追究である。

その時、私はダムに纏わる心霊話を探っていた。建設中に亡くなった作業員や自殺者の霊が出没するのは全国共通、どこでも聞く話だが……広島は『暴力団が死体を捨てる場所として有名』という噂が多い。実際にありえるのだろうか。

「所謂過激派と呼ばれる者達は確かにおった。じゃけど極力、無駄な殺しはやりとぉないのが本音。それこそ処理が手間じゃけぇの」

血の跡や臭いは想像以上になかなか消えない。遺体の重さや大きさによっては一人で全てをこなすのは至難の業だ。人を集めるにも準備がかかる。

「とはいえ『見せしめ』が必要な場合も多い。裏の世界は舐められたら終いじゃ。昔は人体部位を他国に回して売りさばくこともしとったらしいが、今はそんな時代じゃない」

では結局、ダムに遺体を捨てるのはデマということだろうか。

「ないとも言いきれんが……そもそも何でダムなんって話。海に沈めたほうが確実なんは、小学生だって分かる。それにドラマとかで見るじゃろう？　水死体ってのは腐敗が進んでガス溜まりを起こすと浮くんよ。そうすれば一瞬でバレてしまう。プロともなれば遺体を沈める前に臓器を全部引っ張り出す。下拵《したごしら》えが必要な訳よ」

話を聞きながら想像してしまった私は思わず顔をしかめた。それが三國さんには面白かったらしい。

「はははっ。まぁつまり、ダムや近くの山へ捨てるってのは『遺体が見つかっても良い』状態なんじゃないんかの」

それが、先程も話に出た『見せしめ』だろうか。

「ほうよ。刑事しとったら分かるが、日本において完全犯罪ってのは不可能じゃけぇ」

現代の闇を知る三國さんらしい話を聞くことができた。

「お兄さんは、そういう怪談噺《ばなし》を探っているんじゃって？」

てっきり馬鹿にされるのかと思いきや、三國さんは予想外のことを言い出す。

「実を言えば、わしも霊感あるんよ」

霊に纏わる体験をしたことがあるのだろうか。もしそうなら是非聞かせてほしいとせがんだ。

「お兄さんとわしを繋ぎ合わせた相手、そいつに昔話したことがあるんよ。ダムで見た霊の話。あいつ、それを覚えとったんじゃろうな」

三國さんは「ちょっと失礼」と煙草を取り出す。私は彼が吸い終わるのを待ち、改めて話を伺った。

「広島市佐伯区五日市に魚切ダムがある。昭和五六年に建設された新しいダムで、広島市の人口増加に備えて電力を確保するため建設費一六九億円を投じて作られたらしい」

魚切ダムといえば確かに有名な心霊スポットだ。戦時中の遺体処理場が近くにあり、全身の皮膚が爛《ただ》れた霊や顔の崩れた霊が出るなどの噂がある。

「わしが駆り出されたのは、それこそ近隣住民から『夜中に男二人が女性を拘束してダムへ投げるのを見た』っちゅうタレコミが入ったからよ」

当時はバブル全盛期、裏では様々な犯罪が跋扈《ばっこ》していた。

「管轄外ではあったが、放っておくこともできんでな。非番の日に現場へ出向いたんよ。遺留品や痕跡が残っとるかもしれんけぇ。そしたら若い男が立っとった。わしは、どうにもそいつのことが気になってのぅ」

　男がいても何ら不思議ではないと思うが……。

「カメラも釣り竿も一切持たず、青白い顔してダムを見とったんで、自殺志願者かと思ったんよ。だから声をかけた。ダムは好きなんか？　ってな。男は『別に』と言った」

　だったら何の用で彼はダムまで足を運んだのだろう。

「それがのぅ……『彼女の面影を追ってきた』っちゅうんよ」

　面影……？　まさか、その彼女はダムで命を……。

「うむ。じゃが、話は単純じゃなく――」


　昨年、男（以下A）は友人達と魚切ダムへ遊びに来た。そんな折、とある運転免許証を拾う。Aは、そこに写っていた写真の女性に恋をしてしまった。

　それからAは毎晩、彼女の夢を見た。日に日に募る想いは私生活にまで及ぶようになり、せっかく受かった大学も次第に行かなくなった。友人との付き合いもなくなり、食事までもが喉を通らなくなっていく。

思いつめた彼は、とうとう免許証に書かれた住所へ向かったのだと言う。

しかし、残念ながら彼女の家は空き地となっており、何も情報は得られなかったという。

「わしはどうにも気になって、その免許証を見せてくれと頼んだ。しかし断られたわ」

独占欲の強い男だったのだろうか。ストーカー気質もあるような気がした。

「結局、男は同じダムで身を投げて彼女の元——あの世へ行こうと決意したんじゃろう」

そのまま見過ごしたりしませんでしたよね？　と訊ねると、三國さんは「当たり前じゃ、わしは警官ぞ」と語気を荒くする。

「半ば強引に男を連れ出した。辛いことがあっても、酒飲みながら他人に愚痴りゃあ少しは気が晴れる思うたんよ」

私が不登校になった時、亡くなった祖父が強引に外へ連れ出してくれたことを思い出す。港まで車を走らせ、何も言わず水面を眺める。それだけのことだが、気持ちは楽になった。焦らなくていい、そう言われている気がして。

「見かけによらず、かなり酒に強かったみたいでのぅ。気が付けば、わしのほうが先に酔い潰れてしもうたがな。はっはっは」

思わずガクッとこけそうになるのを踏み留めた。

「目覚めると、向かいに座っとった男はおらんようになっとった。慌てて店員に訊ねると、迎えの人が来られて一緒に出られましたと言う。一人じゃないなら、まぁいいか。んじゃ、わしも帰ろうと立ち上がった時——男が座っとった場所が濡れておることに気付いたんよ」

……迎えの人に、濡れた席……？　嫌な予感がする。

「漏らしでもしたんかと思ったが、ただの水じゃった。テーブルに置かれたグラスにゃ水が入ったままじゃったから零した訳でもない。それなら何や？　わしは今一度、店員に訊ねた。迎えの人っちゅうのは、どんな人だったんかと」

亡くなった免許証の女性だった……と？

「正直分からん。わしは顔を知らんし寝とったからな。けど、おかしなことを店員は言うんよ。『全身がずぶ濡れで、通り雨でも浴びたのかと思った』とな。じゃけど、その店員が話してるのを聞いた店の店長は『そんな人は来てない』っちゅうわけ」

つまり……女性が見えた人と見えなかった人がいる。

「昔、どこぞで聞いたタクシー運転手の怪談を思い出したよ。夜中に気味の悪い女を乗せて、目的地に到着すると女は消えていた。シートを見ると濡れており、そこは女が身投げをした現場じゃった……つう話をな」

有名な話だ。怪談好きなら一度は聞いたことがあるはず。

その男性とは、それから会っていないのだろうか。

「会っちょらん。それからは男と会った時期になると毎年、わしは魚切ダムに顔を出すようにしとるんよ」

事故現場や心霊スポットに置かれていたものを持ち出し、呪いにかかる話も聞く。

或いは、男が免許証を手にした瞬間から、彼の不幸は始まっていたのかもしれない。

「触らぬ神に祟りなしっちゅうことか。わしも気を付けんとな」

もう一つ気になる点がある。

三國さんは警察官という職業柄、ダムで自殺した女性の素性を調べ上げることもできたのではないか？　そんな疑問を口に出した瞬間、先程まで明るかった三國さんの表情がガラッと変わる。

「たった今、わしが言ったことをもう忘れたんか？　調べんな。分かったか？」

圧の込められた視線に気圧され、私は無言で頷く。
恐らく——三國さんは私に言われるまでもなく、消えた男や免許証の女性を追ったのだろう。そして、何らかの事態に巻き込まれた。どのようなことかまで教えてくれなかったが、これ以上の詮索はやめておこうと思う。

霊道（広島県内）

この場所は地元でも極々一部しか知られていない心霊スポットである。なぜそこを知ったかは全くの偶然で、「心霊スポットに行くと霊が憑きやすくなる」という噂は、或いは本当なのかもしれない。とはいえ、警察を呼ぶ事態になるとは思いもよらなかったが。

当時、私は繁華街にあるネットカフェで働いていた。主に深夜枠で店長代理の業務をこなしていたが、その店には『独自の決まり』が二つあった。

一、『備品倉庫に一人で入ってはいけない』

二、『備品倉庫隣の部屋にお客様を入れてはいけない』

これは私が入社した時から言われていた。備品倉庫へ行く際は二人組で、扉は閉めず用が終わるまでもう一名が外で待っておくというもの。

だが備品倉庫とは名ばかりで、中に備品など置かれていない。店内は非常にお洒落な造りだが、倉庫内は酷いもので、壁はボロボロ、床は木片や得体の知れない残骸で足の踏み場もなく、正に異様としか言いようのない空間だった。

倉庫に入った瞬間、窓もないのに冷たい空気が肌にくる。霊感があろうとなかろうと「あそこには近付きたくない」と誰もが思う。

不思議なのは、人によって空間認識に差が出ることだ。実際は八畳程の広さなのだが、スタッフによっては「その倍は広い」「思いきり手を伸ばせば指先が届く程に狭い」と感じ方がバラバラ。私も入室する度に、エレベーターへ乗った時のような奇妙な浮遊感に襲われていたのを覚えている。

では、なぜ隣の部屋にお客様を入れてはいけないのか。それは毎回クレームが発生するからだ。決まって深夜、ロビーに電話がかかってくる。

『隣の部屋で大勢が騒いでいる。うるさいからやめさせろ』

倉庫には鍵が閉められているので人はいない。だが、その説明を行う訳にいかないので、謝罪をして別部屋に移ってもらう他なかった（ネットで拡散でもされれば私がオーナーに大目玉を食らってしまう）。

そんなある金曜の深夜、サラリーマン風の男性が入店してきた。当時はネカフェ難民という言葉も流行するほど盛況で、週末ともなれば全室埋まるのが常であった。その日もあいにく満室ですと断ったのだが、倉庫の隣部屋を指差され、「ここが空いているじゃないか」と言われてしまう。

「その部屋は防音設備に不具合がありまして、PCも置かれていませんので」と説明する。無論、やんわりとしたお断りのつもりだったが、男性は引かなかった。

「朝まで眠るだけだから問題ない。いいからとっとと案内しろ」

そう言われてしまうと、こちらも断る理由がなくなってしまう。私は仕方なく例の部屋へ男性客を案内した。

「決まりと言ったって、そこまで深く考える必要はないですよ」

他のスタッフの言う通り、男性から苦情が来ることはなかった。それから数時間後、退室の時間になっても男性は姿を現さない。店のルールで三〇分延滞まで待ち、声をかけに行く。

扉をノックし「退室のお時間ですが」と言っても反応はない。店内ではアルコールも販売していたので泥酔して起きない人は多かった。

私は「失礼します」と告げて扉を開ける。フラット席に横たわるお客様の背中が見えたので何度も呼びかけた。それでも起きないので私は男性の身体を揺らして起こすことに。

「お客様？　お客様！」少し力を込めると男性の身体がゴロンとこちらを向く。

その表情は白目を剥き、口から泡を吹いていた。只事ではないと即座に気付き、確認をすると息をしていない。すぐにフロントへ電話、救急を呼ぶよう伝える。それまで何度も耳元で声をかけたり、過去に学んだ心臓マッサージを思い出しつつ行ったが、蘇生はせず……男性はそのまま帰らぬ人になった。

その後、大勢の警官が押し寄せ、店は大混乱。事情聴取や防犯カメラのチェック、現場を写真に収める際に「あちらを指差して立ってください」「後ろを向いて動かないでください」と指示を出され……心身ともにボロボロになって昼過ぎに帰宅した。

出勤までの数時間、少しでも睡眠を取らねばと思っていると、今度はオーナーから呼び出しが。再び店へ舞い戻った。

「これを見てみろ」

着いて早々、監視カメラの映像が映るモニターを見させられる。廊下と備品倉庫の扉、そして男性の亡くなった部屋が遠くに映し出されている。朝五時頃、手前から七十代くらいの男性がやってきて男の部屋へ入っていく。こんな高齢者、お客にいたかな……？　思い出そうとしている最中、更に中年男性や女性が次々と男性の部屋に入っていくではないか。

「個室に団体客を通したのか？」

睨まれながら言われ、私は反論する。そもそも個室にこれだけの数、入れやしないはずなのだが……。

「だとしたら、この客達はどこからやってきて、中で何をしているんだ？」

そんなことは私に分かるはずもない。黙ってモニターを眺めていると、オーナーはとんでもないことを言い始めた。

「警察の捜査は夕方まで続くらしい。夜には終わってるだろうから、個室を調べておけ。何か分かればすぐに報告を上げろ」

嫌ですと言ってやりたいが、そうすれば私以外のスタッフがやることになる。人間関係を悪くしないためにも自分がやるしかない。

同日の深夜、私は休憩時間を倉庫隣の部屋で過ごしていた。一通り室内を調べても何も発見することができなかったので、実際に利用してみることにしたのだ。

先程届いた警察からの調査結果に目を通しつつ、コーヒーを飲む。

亡くなった男性は市内の会社に勤める三〇代未婚の一人暮らし。死因は心臓麻痺とのことだが、数か月に亘ってほぼ休みなく働いていた様子。過労死のようなものなのだろう。

確かに入店した男性の顔色は土色のように悪かったのを思い出す。ブラック会社に勤める者の末路かと思いつつ、明日は我が身だなと感じる一八連勤中の私。

活字を追っていると急激に瞼が重くなった。ほとんど眠っていないので無理もない。

腕時計のアラームをセットして仮眠を取ることにした。前日に人が死んだ場所でよく眠れるものだと思うが、睡魔には抗えない。

まどろみの世界を彷徨っている最中――突然、ドンという大きな物音が鳴った。

現世に戻され辺りを見渡す。変わった様子はない、けれど……。

再びドンという音がした。隣から壁を叩かれているような音だ。

しかし隣は倉庫、人はいるはずがない。けれども確かに音がしている。私はすぐにフロントへ連絡し、スタッフに来てもらった。

「どうされたんですか？」

事情を話して部屋に留まらせる。しばらく耳を澄ませていたが、スタッフは「何も聞こえませんよ」と言う。

「脅かそうとするのはなしですよ、ホラーとか苦手なんですから」

スタッフは持ち場へ戻っていく。だが、そんなはずはない。彼が来てからもあの音はずっとしていた。だとすればこれは……自分にしか聞こえていないのか？

私はフロントまで駆けていき、倉庫の鍵を取る。恐怖に怯えてなどいられない、現場を確認すれば分かることだ。いや、確認しないことこそが今や恐怖だった。

倉庫の鍵を使い、深呼吸の後に扉を開ける。相変わらずの冷気に背筋が粟だったが、そのまま室内へ一歩踏み入る。

何もないはずだった、そこには。あるはずも、いるはずもない。

しかし……そうではなかった。

狭い室内の中央に、見知らぬ男が俯き立っていた。あっと出掛けた声を寸でのところで呑み込む。なぜなら……背格好、髪型などが、昨日亡くなった男性によく似ていたからだ。

この世のモノではないことを、背中の痺れが知らせてくる。指先が震え、先程まで流れていた店内ＢＧＭが全く耳に入ってこない。

警戒しながら様子を窺っていると、ふいに私の横を〈別の何か〉が通り過ぎていった。頭の位置は動かさず視線だけで様子を窺うと、かなり年配と見受けられる女性だった。自分が通した客の中で、そのような人物はいなかった。

女性も男性同様に倉庫の真ん中まで進み、俯いたまま動かない。その内、中年男性、若い女性と狭い空間に次々と〈それら〉が集まっていく。

普通に考えれば溢れかえるはずだが、不思議とそうはならない。気付いたのは、いつの間にか最初の男性が消えていること。ある一定数になると最初にいた者から消えていくのかとも推測したが定かではない。なぜなら全てを見届ける前に、私が倉庫を飛び出したからだ。

扉を閉めた瞬間、自分の息が荒くなっていることに気付く。心臓の音がうるさく感じられて、身体が震えているのが分かった。

扉に縋りながら鍵を閉め、匍匐前進《ほふくぜんしん》のような格好でその場から離れる。別部屋の注文配達を終えたスタッフが私に気付き「ど、どうしたんですか？」と声をかけてくれた。

肩を借りながら何とか休憩室まで戻り、出された水を一気に飲み干す。ようやく冷静さを取り戻し、私は今後のことを考えた。

このままにはしておけない。


『そりゃあ、霊道かもしれんな』

翌日、出勤前に知り合いの住職へ電話で連絡を取った。一部始終を話し終えた後、彼は〈霊道〉という単語を持ち出した。

話には聞いたことがある。霊が成仏するために通る道だと。けれど人に危害を加えたりするようなものだろうか。

『いや、そんな恐ろしいものじゃない。実際にお前は危害を加えられておらんし、亡くなった男性も過労が原因と判断されたじゃないか』

確かにその通りではあるが……どうも釈然としない。

『お前の働くネットカフェ、テナントの一角にあるとか言ってなかったか？　恐らく三階以上の高さ、あと一キロ圏内に神社があるはずだ』

どちらも当たっている。店は五階、すぐ隣には神社があった。

『霊道は基本、高い場所にある。高ければ高いほど天界に近付くと思っているからだ。神社仏閣など神格の高い所へ集まるのも特徴と言える。強い力によって天界に導かれると思っているからだ』

言い方に棘《とげ》があるように感じるのは気のせいだろうか。とはいえ死んでからも彷徨い続けるとは寂しすぎる。

『全ては生ききれなかったことへの後悔かもしれん。いや、思い残しとでも言うべきか……ともあれ解決するのは難しい。放っておくしかなかろう』

ふと素朴な疑問が過ったので訊ねてみた。霊になった彼等は、どこからやってきたのか。倉庫が霊道の終点だとすれば、その後はどうなってしまうのかだ。

『生前、最も思い入れのある場所が始まりとなる。自宅や病院、夜景の見える場所や会社など様々だろう。そこから霊道を辿る訳だが終点などない。お前は最初、狭い倉庫がなぜ一杯にならないのかと言っていたな。再び最初の思い入れがある場所に戻されるんだ。死を受け入れ、成仏するまで何度もな』

……では私が見たあの男性も、また明日の夜には倉庫に現れるかもしれないということか。

『俗にいう浮遊霊も、霊道を往く霊である場合が多い。見かけても、放っておいてやれ』

そんなものかと納得しかけた時、彼は『とはいえ――』と付け加えた。

『密集になるほどの霊道は聞いたことがない。得体の知れない感じがする、あまり関わるな』

最後は忠告を貰って通話を終える。さてオーナーに何と報告すべきか悩んでいると、職場のあるテナントビルに到着。いつもはエレベーターで五階まで行くのだが、ふと奥にある非常階段に目を向けた。

入社してから一度も使ったことのない階段。どこに出るのか気になるし、健康のために利用してみるかと向かってみた。

非常用扉を開けた瞬間、肌寒い風が吹き抜ける。同じ外であるはずなのに、明らかに様子がおかしい。明かりは非常灯のみ、壁はボロボロで床も金属片が転がっていた。

……この光景に、私は既視感を抱く。いや、まさか……。

階段を上る前に、私は吹き抜けになっている階段の上を仰ぎ見た。そして気付く。三階辺りから、夥《おびただ》しい数の青白い者達が列を作っているのを。

恐ろしくなった私は、慌ててその場から逃げ出した。あのままだと私も生きたまま、どこかへ連れていかれそうな気がしたのである。


その後、転職した私は数年ぶりにかつての職場へ顔を出してみようと思った。しかし既に店は潰れており、中に入ることはできなかった。では非常階段はどうだろうと思ったが、そちらは今も存在している。確認すべきかと考えたが、関わるなという住職の言葉を思い出し引き返した。

本当に危険な心霊スポットは、その存在自体を隠されているのかもしれない。

関川荘（広島市安佐北区）

夏の暑さも本格化してきた頃、実家で長期休暇を過ごしているとヤマさんから連絡がきた。

『せっかくの夏休みなのにダラダラと過ごしているんじゃないか？』

図星で何も言い返せない私に、ヤマさんはある提言を行う。

『こんな時は、避暑地に赴くのが一番さ』

北海道や軽井沢にでも連れてってくれるのだろうか。

『いいや、近くにいい場所がある。何とトシの地元――広島に』

その情報を聞いてヤマさんは広島にやってきたらしい。明日には岡山に帰るが、時間ができたので私をわざわざ遊びに誘ってくれた様子である。

『車で来ているから、遊んだ後は一緒に岡山へ送っていくぞ』

新幹線代も馬鹿にはならないので、その申し出はありがたい。そろそろ一人暮らしに戻りたいと思っていた所でもある。

私が承諾すると、ヤマさんは『じゃあ夕方頃にそっちへ向かうわ』と言って電話を切った。だが、支度を行っている最中に私は気付くべきだった。なぜ、その時間なのかを。


ヤマさんと合流した後、私はヤマさんにどこの避暑地に向かうのか訊ねてみた。

「白木って所だ。知っているか？」

私の母親は子供の頃に白木に住んでいて、今も親戚がいるので何度か行ったことがある。白木山や三篠川《みささがわ》があり、確かに避暑地としてはピッタリかもしれない。

だがなぜ、白木なのだろうか。ヤマさんとの付き合いも長いので、彼が意味もなくそんな場所を選ぶとは考えにくい。そういえば最近、釣りにハマっていると言っていた。夜釣りでもするつもりなのだろうか。

高速道路へ進入し、車内に流れるＢＧＭがバラード調となったのを契機にヤマさんは話を続ける。

「その白木に、関川荘というレジャー施設があってな」

残念ながら聞いたことはない。名前から予想すると食事や宿泊ができそうだ。そんな所へ行くとは思わなかったので財布の中身が心配になる。

「ああ、言い間違えた。元・レジャー施設があってな」

……言い間違え？

「そこが有名な心霊スポットらしいんだ」

……己の学習しない性質が嘆かわしい。生まれ変わったら勉強を頑張ろう。現世はもはや諦めるしかない。

後悔した所で物事は走り出している。もう腹を括るしかない。とりあえず、その関川荘がどんなスポットか説明してみろよオイ。

「はっはっは、苛々すんなって。えーと関川荘は昭和三〇年代に広島の資産家が開設した施設で、御察しの通り日帰り入浴や料理を堪能できたらしい。いつ閉業したのか定かではなく、持ち主の所在も不明」

夜逃げでもしたのか、それとも何らかの事件に巻き込まれたのか……気になる所だ。

「建物内では女性の霊を見たという情報が数多く寄せられている。とはいえ、現場で死者が出たという話は一切出てこなかった」

毎度の如く、行ってみなければ分からないってことか。

「そういうことさ。現場百遍って言うだろう？」

全くいつから我々は警察官になったんだ。残りの九九遍には一人で行ってもらうとしよう。


様々な心霊スポットへ訪れて度々思うのは、なぜこんな場所に施設を建てようと思ったのかという感想である。周囲が鬱蒼とした樹々に囲まれ、突如として現れたのは錆びた鉄門。進入禁止の看板や有刺鉄線などはなく、更に錠前は外されたままで出入り自由の状態となっていた。いくら門があるからとはいえ、不用心すぎる気もする。

車を停め、懐中電灯を照らして先へ進む。落ち葉の敷かれた道を進むと、ドドドドという物音が気になった。

「トシ、小さな滝があるぞ」

確認すると確かに子供が水遊びするのに丁度よさそうな小滝が見えた。客引きのため、人工的に造られたという感じではない。

「目的地は、こっちだ。進もう」

ヤマさんの後を追っていくと、すぐに関川荘は姿を見せた。窓には板が打ち付けられ、建物自体が若干傾いでいる感じがする。金持ちの建てた別荘、というのが第一印象だった。

「建物内を見てみよう」

扉が壊れ、開いたままになっているので、中を覗けば容易に確認できた。天井が崩れ落ちたようで、木片がぶら下がり床にも穴が開いている。これはもう中へ入るのは危険と判断した。

「外に二階へ続く階段がある。ここは平気そうだぞ」

そっちの様子も見てみようと階段を上っている最中、階段の隙間からこちらを見つめる目のようなものが見えた。びっくりして体勢を崩す私に、前を行くヤマさんが「どうした？」と声をかける。事情を話すと、ヤマさんはその階段を覗き込む。

「……何もない、というか……高さは二メートル以上あるぞ。ここから覗こうなんて常人の背丈では無理があるな」

ならばやはり見間違いなのだろう。気を取り直して私達は二階へと進んだ。

「ここまで酷い状態になるものか？　まるで戦前の建物って感じだぞ」

確かに荒らされたというより勝手に壊れた印象がする。恐らく欠陥建築だったのだろう。経営が悪化していなかったら、営業中に天井が崩壊した可能性もありえる。不幸中の幸いと言えるかもしれない。それより……。

先程からずっと誰かに見られているような感覚があった。視線の先を追うように何度も周囲を見渡すが、当然私達以外に誰もいない。

「トシ？　どうした？」

ヤマさんに声をかけられ、何でもないと答える。どうやら彼は何も感じていない様子。ならば怖がらせる必要もないし、私の気のせいという場合も。

「一通り中は見たし、数枚写真を撮って車に戻るか」

そうしようと伝えて二階から出た時、遠くに存在する『何か』に気が付いた。

暗闇の中にぼんやりと浮かぶ白い女性……。それがこちらを覗いているかのように私には思えた。

今そこに誰か立っていなかったか？

訊ねると、ヤマさんは「何？　どこだ？」と言って懐中電灯を向ける。

「人じゃないが……道のような感じになっているな」

言われて一緒に下へ向かうと、脇道を発見。周囲に警戒しつつ先へ進むと小屋のようなものが現れた。

「トイレ、だな。変わった形をしている。和式便器も……なんだこれ。狭すぎるぞ」

次の瞬間、私の身体に異変が起こった。背中に激しい痺れを感じたのである。過去の経験で私は知っていた。この状態は良くないことが起こる前触れだということに。

「向こうにもボロボロの車が放置されているぞ。どうやらここが、かつての関川荘駐車場だったのでは——って、トシ大丈夫か？」

こちらの様子がおかしいことに気付いたヤマさんが心配をしてくる。嫌な予感がするから早くここから離れようと言うと、彼も「分かった」と頷き、急ぎ数枚だけ写真に収めると現場から離れた。

戻る道中、私の心臓は早鐘のように打ち続け、時折呼吸の仕方を忘れそうになっていた。足元が覚束《おぼつか》ない私に肩を貸してくれていたヤマさんが「少し休んだほうがいい」と言ってくれた。どこか座れる場所はないかとキョロキョロしながら辿り着いたのが最初の小滝地点。

私は岩に腰掛け、流れる水の音を聞きながら、呼吸を整えることに集中した。一定のリズムを刻む滝の音が良かったのかもしれない、少しずつ鼓動も落ち着いてきた。もう歩けそうだから行こう。声をかけ立ち上がったところで、ヤマさんの様子がおかしいことに気付く。どうかしたのかと訊ねたが、彼は無言で私の肩を掴むと、再び歩き出す。

その後、何とか車へ到着しても私達は一言も喋ることはなかった。現場から離れ、ようやく市街地まで戻ってくると、ヤマさんはコンビニに車を駐《と》めた。そこで張りつめていたものを一気に解放するように「はぁぁああ」と大きな溜息を漏らした。そのままハンドルに額を押し当て項垂《うなだ》れる。

何かがあったのは、聞くまでもなく分かっていた。小滝から車へと向かう最中、彼の指先が震えていることに気付いていたから。問題は何があったのか、である。

「……水面に映り込む、白い服を着た女の姿が見えたんだ……すぐにトシが話していた奴だと気付いた……この世のモノじゃないってことにも……」

ハンドルから顔を上げ、今度は天を仰ぐように目を瞑《つむ》って、独り言のようにヤマさんは話す。

「あんなにはっきりと見えるものなんだな……霊を見ることができたら、ああしてやるこうしてやると色々考えていた。しかし実際目の当たりにすると身体は硬直……自分の不甲斐なさを痛感したよ……」

無理もない話と思う。私だって恐ろしいのだ——。

「事前に調べたとおりに霊が出るとか、やはりあの場所には何か——」

その時、私は感じていた。そしてヤマさんは目にしたという。

再び訪れた背中の痺れと、コンビニの建物横からこちらを覗く、白い服を着た女性の姿を。

「——ッッ」

ヤマさんは車のエンジンを回し、一目散に駐車場から離れる。

私達はそのまま深夜にも拘わらず住職の元へと押しかけ、お祓いをしてもらった。

こっぴどく叱られ、説教は朝方まで続いたが、正に自業自得。眠い目を擦りながら帰路へ就いていると、横を歩くヤマさんが話しかけてきた。

「心霊現象を実際に体験できた訳だが、今語っても与太話と思われちまう。この調子で回数を重ね、検証を続けよう」

全く懲りていない様子の彼に対して、今度は屈強な住職の拳骨が落とされるかもしれないと想像して私は別の意味で恐ろしく思った。

余談ではあるが、関川荘については今も事件が起こった事実など明らかになってはいない。だが、あの周辺は一部で有名な自殺スポットという噂も聞く。

もしかすると、あの時に見た女性の霊も……現場近くで亡くなり、今も関川荘周辺を彷徨っているのかもしれない。

魔女の館（呉市）

　広島県呉市の山頂に、ひっそりと佇む洋館がある。ドイツのドラッヘンブルク城を模したコンクリート三階建ての建物は、とある富豪の別荘だったと聞くが、現在は住む人もなく廃墟となっている。

　私が初めてこの場所に訪れたのは大学二回生の夏。仲の良い友人から「面白そうな場所がある」と聞かされ、予備知識もなく足を踏み入れた。

　友人は幼い頃からその館の存在を知っていたが、周りから「近付くと不幸が起こる」と言われていたらしい。そんな曰くつきの場所へ赴くというのに、友人のテンションは高かった。謎の解明ができることに喜んでいたのかもしれない。

　野呂山を息も絶え絶えに登っていくと、立派な緑林に囲まれた鉄扉が現れた。目線を上げると城特有の三角屋根が覗いており、気分はさながら勇者か冒険者。

扉は片方が壊れており容易に中へ侵入することができた。中へ進み、建物と対峙して私は違和感を覚えた。玄関扉までの道が、横に並んで歩くこともままならないぐらい狭いのだ。まるで敵を迎撃するため、あえてそうしているかのように。更に窓には全て格子が付けられている。山頂にわざわざ建てるということは、呉の広大な美しい景色を眺めるためと考えるのが普通。けれど周囲は高い樹々に囲まれ、まるで人目を阻んでいるかのような印象を受けた。

私はここで、ある怖い話を思い出す。それは心に病を持った娘を治療するため、その両親が山奥に家を建て、他者と隔絶、窓には格子を付けて娘を監禁したという内容。結果として娘の病は悪化して両親を殺害、自身も首を吊って亡くなったという救いのない話を――。

次の瞬間、頭上から視線のようなものを感じた。慌てて二階の窓辺りを見やると、何やら白いものが通り過ぎたように思える。あれは一体……。

いや、考え過ぎの見間違いだ。私は頭を左右に振って悪い想像を消した。

一階はエントランスとなっていて、トイレとシャワー室以外に目ぼしい所はない。洋風だけあって靴を脱ぐ場所がない点から、所有者は外国人だったのかなとも思う。

「ヤンキーの溜まり場とかになっていると思ったけどな」

　確かに屋敷の中は落書き一つない。けれどなぜか恐ろしい雰囲気が漂っている。ビリビリと痺れる背中を擦りながら、私は脇にあった階段を上っていく。

　階段は螺旋になっていて、本当にゲームの世界へ飛び込んだかのような錯覚に襲われた。二階は遊技場のようで、ビリヤード台や大きな暖炉が並んでいる。壁や床も洒落た感じで、ここが日本ということを忘れてしまいそうだった。

　探索していると、ボロボロのカレンダーをいくつも発見した。一九八四年、こちらは一九八五年……かなり古いものだ。

「うわっ⁉」

　突然、友人の悲鳴が聞こえて身構える。どうかしたのかと聞くと、その場に置かれたカラスの剥製を見てびっくりしたらしい。動物の置物は邪気除け、魔除けの効果があると聞いたことがある。そして鳥の置物は確か、幸せを呼び込む効果だったような。だがやはり不気味でしかなく、凡庸な私には所有者のセンスが理解できなかった。

　これ以上調べる所もないので部屋を出ようとした時、私の耳に「キィ、キィ」という音が聞こえた。立ち止まり後ろを振り返ると、そこに友人がいて目が合う。何か聞こえなかったかと訊ねようとして止めた。もし自分だけに聞こえたとすれば怖がらせてしまうと思ったのである。気のせいと思うことにして上へ向かう。

三階は居住場所だったようで、今までの部屋とは違い障子や襖の残骸など和風のものがあった。洗面所が横並びに二つあったり、非常口と書かれたパネルが落ちていたりと民宿のような一面を見せている。アンバランスで、居心地の悪さを感じた。本当に何が目的で造られた場所なのか分からない。

室内を調べている最中、再び物音が聞こえてきた。けれど先程の甲高い音とは異なり、今度はコツンコツンと何かを叩くような音だ。

これには友人も気が付いたようで「……どこ?」と喋りかけてきた。もはやこの場に長居しないほうがいい、そう思った私が部屋を出た時である。

螺旋階段の下、一階と二階の丁度中間辺りで動く何かを見た。

それは真っ白で、人のようなシルエットをしていた。階段をゆっくりと上がる度に、コツン……コツンと物音を立てている。

得体の知れない「何か」――私はヤバイと感じて友人の腕を掴み、更に階段を上っていく。「あれ」と遭遇してはならない、そんな直感を信じて。

階段の先には小さな扉があった。祈るような気持ちでドアノブを回すと、あっさり扉は開いた。澄んだ空気が流れ、外の景色が目に飛び込んでくる。屋上だ。

下から見た三角屋根が手に触れられるほど近い。どこか逃げられる場所はないかと探した時、外付け階段が下の三階に設けられていた。そういえば先程、床に非常口のパネルが落ちていた。あの階段のことだろう。

若干の高さはあるものの、飛び降りることはできそうだ。私が友人に提案すると、友人は怯えた表情で「本気か!?」と叫ぶ。

「一歩間違えたら地上まで落下するぞ!?　骨折どころか、死ぬ可能性だって……！」

その時、背後の扉がギギギギ、と音を立てながら開いていく。風で勝手に開くとは思えない。つまり――誰かが、やってきた。

時間がない、まずは自分が飛び降りるから、安全を確認できたらお前も後についてきてくれと告げる。

当然、私も恐ろしい。だが、このままでは得体の知れないものに襲われてしまう。気合いを入れるために両頬を叩き、私は屋根の端に立つ。非常階段まで、いける――

――いける――いけ、いけ、いけ……！

ふわりと身体から重力が消える。階段の床だけを見ながら飛び降りた。ガインという金属音が響き渡り、私は着地を行う。ほら見ろ、何てことはない。言い聞かせてはいるものの、膝の震えは止まらない。

「――ひっ、ひぃいいいいいい!?」

そうこうしていると、上から友人の悲鳴が上がった。私は大声で飛び降りろと命じる。だが、こちらの指示に応じる気配がない。

どうする、私だけでも下山して誰か助けを呼ぶべきか？

しかしこのまま友人を見殺しにすれば、私は一生後悔するだろう。

ぐっと唇を噛みしめ、私は再び屋上へ戻る決意をした。その刹那――黒い大きな物体が私の視界を奪ったと思いきや、先程も聞いた金属音が発せられる。覚悟を決めた友人が、飛び降りたのだ。

「はーッ！　はーッ！」

緊張と恐怖から涙を流し、放心状態となっている彼の腕を掴み、立ち上がらせる。とにかくここから離れなくては。その一心で私は歩き出す。

無事に地上へと到着した私達は、そのまま逃げるように館から立ち去った。ほんの一瞬だけ振り返ると、屋上から何かがこちらを見下ろしているように感じた。それが私達を追ってきた白い存在かは分からない。けれど町まで降りてきた際に友人が発した言葉は覚えている。

「……魔女だ……やっぱり、魔女はいたんだ……」

後日、私はその場所が『魔女の館』と言われる心霊スポットだと知った。現代に魔女がいるのかどうか分からない。けれど二一世紀でも解明されていない、人智を超えた存在はいる、と私は思う。

丹原集落（広島市安佐南区）

これは友人が体験した奇妙な話である。

会社の飲み会に参加した彼は、近くの公園で酔いを醒ますことにした。密かに恋心を抱いていた同期の女性が寿退社を発表したのである。相手は新入社員時代、自分達を教育してくれた五歳年上の上司。ショックだった。自分の知らない所で二人が逢瀬を重ねていたのかと思うと腹も立ち、ジョッキを空けるペースも速くなる。祝福の言葉も喜びの笑顔も向けられず、こんなことで自分は営業マンとしてやっていけるのかそっちの自信もなくなった。ベンチに座り、空を仰ぎながら「……畜生」とぼやいた時である。

「……すみません……すみません……」

突然、背後から声が聞こえてきたので慌てふためく。よく見ると女性が頭を庇うように座り込んでいるのが見えた。年齢は恐らく大学生くらい、幼さの残る顔に対して非常に田舎っぽいボロボロの格好をしている。更に驚くのは全身が水浸しで、前髪の先から水滴が滴り落ちていたことだ。通り雨でも降ったか？　しかし空には星が出ているし、何より地面は全く濡れていない。

（ホームレス狩りにでもあったのだろうか……）

この辺りはお世辞にも治安が良いとは言えず、先日もボヤ騒ぎがあったと聞く。犯人は未だに捕まっていないらしいとも。

関わらないほうがいい、無視して立ち去るべきだ。そう考えて立ち上がるが、なかなか一歩が踏み出せない。ガリガリと頭を乱暴に掻きむしり、思いきって声をかけた。

「……あー、その……大丈夫、っすか？」

自分でも素っ頓狂なセリフに感じ、酔いとは関係なく顔面が熱くなる。けれど相手は何も答えず、ただ黙ってうずくまるばかり。暗がりでも、肩が震えているのが分かった。寒さというより、恐ろしさからだろう。

「身体、濡れてますけど……どうしたんすか？」

更に質問を重ねても応答はない。こういう場合、どうすればいいんだと考えて、とりあえずハンカチを差し出してみた。

「――――ヒッ！」

彼女は目を見開き、自身の身体を抱きしめながら後退《あとじさ》る。この怯え方は異常だ。

（強姦でもされたのか？　とはいえ着衣の乱れはないから、未遂って所か）

どうするべきか悩み、友人が出した結論は……膝をつき両手を上げ、普段より高い声で「俺は味方です！」と言うことだった。

「そのままだと風邪を引きます！　俺の家、近くなんで！　あ、大丈夫です！　指一本触れることはしません！　俺、童貞なんで！」

口走ったことを後悔したが、信頼を得るためには仕方ないと自分に言い聞かせる。

その甲斐あったか不明だが、彼女の表情は少しずつ穏やかになっていく。

「恐くない、恐くないよ」

動物の餌付けみたいだが、怯える女性の落ち着かせ方など分からない。ゆっくり手を差し伸べ、彼女の手に触れる。一瞬びくんと小さな身体が跳ね上がるが、拒絶されることはなかった。冷たい、そして想像よりも硬い指。

「行こう。いつまでも、ここにいたら危ない」

こうして友人は、失恋とともに謎の女性を匿うことになった。

「あああ、やっちまった……これって犯罪じゃないのか？　誘拐？　売春？　いやいや俺は何もやってない！」

数時間後、眠りに就いた彼女を起こさないよう友人はトイレへ籠もり、葛藤していた。

酔って気持ちが大きくなっていたのか、それとも冷静な判断が行えなかったのか。とはいえ連れてきたものは仕方ない。今後のことを考えなければ。

彼女は不思議な人だった。終始オドオドとしており、落ち着きなく辺りを窺う。電気をつけたり携帯電話が鳴ったりしただけで慌てふためく。まるで猫のようだ。

一人暮らしで掃除をさぼっていた浴槽を磨き、湯船を溜める。女性でも着られるようなスウェットや新品バスタオルを用意して風呂を勧めた。

不思議な気持ちがする。自分の部屋に女性がいて、よもや風呂に入っているなど。下心が湧かないといえば当然嘘になるが、怯えた相手を襲うほど腐っていない。

「そんな度胸もないしさ……」

風呂から上がってくるまでに食事の用意をしなくてはと思い立ち冷蔵庫を開ける。見事に調味料とビールしか入っていない。

幸いにもコンビニは近いのでひとっ走り買ってこようと決意。気付けば酔いなど吹っ飛んでいて、人間の身体は不思議なものだなぁと思う。

適当に弁当やサラダ、お茶などを買って戻ってくると、タイミングよく洗面所の扉が開く。そこから現れたのは用意した服を着た石鹸の香り漂う彼女。

心臓の高鳴りを抑えつつ「これ、食べよう」と買い物袋を掲げる。

小さなテーブルに買ったものを並べ、勧める。最初は戸惑っていた彼女だが、弁当に入った煮物を一口頬張ると堰《せき》を切ったように箸を動かしていく。それを眺めながら、ほっと一安心する友人。子供の頃、母親はよく言っていた。御飯さえ食べられれば大丈夫と。

ものの数分で食事を終えた彼女は、突然床に両手をつき頭を下げる。所謂、土下座だ。

「…………ありがとうございました」

鈴の音が鳴ったような透き通る声。感謝されることに慣れていない友人は「いっ、いやいや！　いいから！　当然のことだし！　頭を上げてよ！」と動揺する。

「でも何で、あんな場所にずぶ濡れで座ってたの……？」

思いきって訊ねてみると、意外な言葉が返ってきた。

「……思い、出せません……」

年齢も、住所も、自分の名前ですら分からないと言う。

「記憶喪失……？」

テレビや本では知っているが、実際に症状のある人と会うのは初めてだ。

「何か覚えていることって、ない？」

「……道……山……滝の水が……人……大勢に……私……嫌……やめてください……！　やめて……！」

再び怯え始めた彼女に友人は「もういい！　思い出さなくていいから！」と制止。

（辛いことがあって記憶がなくなっているのかもしれない。そうなれば無理に思い出させるのは、よくないだろうな……）

医療に関する知識はないが、思い出したくもない過去はある。今はそっとしておき、時間が解決するのを待つのが得策と考えた。

「俺のことは気にせず、ここにいていいから」

努めて明るく言うと、彼女は再び「ありがとうございます」と言って土下座を行う。今時ではめずらしい古風な人だ。親の躾が厳しかったのかもしれない、そんなことを考える。

「とりあえず名前、必要だよね。俺も何と呼べばいいか分からないし。どうしようか」

「お好きなように、お呼びいただいて構いません」

「そういう訳にも……じゃあ……『みゆき』さんで、どうかな……？」

その時、咄嗟《とっさ》に思い浮かんだ失恋相手の名前を口走ってしまう。しまった、と思ったが相手は当然そんなことなど知りもしないので「かしこまりました」と承諾。後ろめたさが胸を刺したが、後戻りはできないと自分に言い聞かせる。

「じゃあ……よろしくお願いします……みゆきさん……」

未だに頭を上げない彼女に向かって、友人も新人研修で得たお辞儀をしてみせた。

「最近、調子が良さそうじゃないか」

先輩上司が言ってくる。「そ、そうっすか？」と言いつつ自分でも気付いていた。

みゆきと同棲生活を行うようになって、友人は正に絶好調。初日は留守番させることに心配もしていたが、それが杞憂だったとすぐに気付く。早めに仕事を終えて夕方に帰ってきたのだが、部屋は驚くほど綺麗に掃除されていた。水カビだらけだった台所はシンク本来の輝きを取り戻し、溜まっていた洗濯物は綺麗に畳まれクローゼットの中へ。何かあった時にと思って事前に渡した一万円札は二人の夕飯に変化していた。お金や物品を盗んで逃げられたとしても後悔はしないと腹を括っていたが、まさかこんな結果になろうとは。

だが困ったことも多かった。記憶喪失のせいで家電製品の使い方や紙幣の存在すら分からなかったのである。お世辞にも教え方が上手とは言えなかったが、みゆきは元々物覚えがよく一度教えたことは何でも完璧にこなす。

（一時的に記憶が消えているだけで、一から覚え直す訳じゃないから？）

更に驚いたのは、家事全般が最初からできること。今も食卓に並んだ味噌汁や魚の煮付、お浸しや煮物など実家の母親が作るより遥かに美味かった。スーパーへ一緒に行った際も彼女自身が食材を選び、信じられない程の手際で料理に変貌させる。

それまでは一人暮らしということもあり不摂生な生活を送っていたが、彼女の存在により生活バランスが一気に改善。苛々することもなくなり、身体の調子もすこぶる良い。

(どうしようもない俺に、神様がみゆきさんを差し向けてくれたのかも……)

最近では、本気でそんなことを考えるようになった。

「もしかして、彼女でもできたのか？　そうだろ」

肘でつつかれながら茶化され、慌てて否定をする。

そう、俺達は恋人同士ではない。いつか記憶が戻れば、離れ離れになるだろう。

(……だったら、ずっと今のままでいてもらったほうが……)

とんでもないことを考え、友人は頭を左右に振った。あまりに不謹慎すぎる。人の不幸につけこむなど、最低の行為だ。こうしている今でも、彼女の家族や恋人が捜索をしているかもしれないのだから。

「隠さなくてもいい。忠告しておくぞ、普段から感謝の気持ちを忘れるな。プレゼントを渡すことも効果的だ」

プレゼント……とはいえ、何を渡せばいいのか分からない。

「気持ちが伝わればいいのよ。頑張って私のために選んでくれたってことが肝心だから」

話を聞いていた別の女性社員が口添えしてくる。

「アンタも後輩の世話やいてないで、新婚早々に愛想尽かされないよう気をつけなさいよ？」

「心に留めておきます」

笑いあう二人を他所に、友人は「プレゼントか……」と呟いた。


自宅マンションの玄関扉まで来ると、魚が焼ける匂いがした。

「おかえりなさいませ」

何度も敬語はやめてほしいといったが、直すつもりはないのだろう。

「火を熾《おこ》さずに焼けるとは、この『ぐりる』というものは凄いですね」

興奮した様子で話す彼女を友人は愛らしく感じる。着ていたスーツを脱がせてもらう際、ポケットへ何か入っていることに気付くみゆき。

「確認してみて？」

了承を得て取り出すと、小さな包みが出てきた。

「失礼します……あ、これは……髪留めですか。綺麗……」

「安物で悪いんだけど」

「受け取っても、よろしいのですか？」

「勿論だよ」

みゆきは大事そうに髪留めを抱きしめて「ありがとうございます」とお礼を告げる。人に喜ばれることが、こんなにも嬉しいとは思わなかった。

「──あ、申し訳ありません。すぐに食事の御用意をいたします」

そう言って、みゆきは台所へ消える。まるで召し使いのようで気が引けるが、相手がそれを望んでいる様子もあった。こちらが食事を終えるまで絶対に手を付けないほど徹底しており、彼女がいなくなった後に元の生活に戻れるのか心配になってしまう。

（なぜだか今日は、ネガティブなことばかり考えてしまうな……）

きっと怯えているのだ。彼女の存在が大きくなっていることに対して。

気でも紛らわせようとテレビの電源をつける。番組ディレクターらしき男が田舎をレポートしていた。これ系の番組を観て感慨に耽《ふけ》る程、自分は老いていないとチャンネルに手をかけた時──ガシャンと大きな音が立つ。

驚いて視線を向けると、青ざめた表情のみゆきと割れたコップが足元に転がってい
た。

どうしたんだと声をかけようとした瞬間、友人はみゆきが言っていた言葉を思い出
す。

『……道……山……滝の水が……』

「まさか、この場所とみゆきさんの記憶に何か関係が……!?」

調べると、そこは地元に存在する廃村だった。一瞬悩みつつ、友人はみゆきに告げ
る。

「明日、会社を休む。一緒にこの場所へ行ってみよう」

驚いた表情を見せたみゆきだが、しばらくして小さく頷いた。

その日の夜、明日のために早く休もうと決める。いつものように離れた場所へ布団
を二つ敷き始めると、みゆきから初めてお願いをされた。

「……手を、握ってもらえませんか……？」

心臓が飛び出そうな程に緊張したが、彼女の手を触れた瞬間に下心も霧散する。

僅かな震えが、こちらにも伝わってきたからだ。

記憶を呼び起こすことに恐怖を感じているのかもしれない。自分が自分でなくなるかもしれない、それは死刑宣告に近いのではないか。

一番辛いのは当人だ。自分は何があっても受け入れる覚悟をしておかなければ。うっすらとカーテンが明るくなるのを見つめながら、友人はそんなことを考えていた。

レンタカーでやってきたのは、広島市安佐南区にある『丹原集落』……ここは今から約九百年前に有馬中将千賀守という武将が戦から逃れ、隠れ住んだ場所と言われている。

宇賀大橋を渡り丹原ダムを通り山道を延々と進んでいくと、どこかから水音が聞こえてきた。道中、繋いでいた手はそのままに二人で向かう。

「あった。ここが権現滝と呼ばれている所だよ」

みゆきは家を出てから一言も喋らない。最初に出会った頃のように、時折ビクビクと怯えながら落ち着きがなかった。まるで何者かに追われているかのように。

「何か思い出したことはある……？」

訊ねるが、みゆきは頭を左右に振った。もしかして記憶の元は、ここじゃない？

そんな不安を感じつつ、更に奥へ進んでいく。すると少しずつ、みゆきに異変が生じ始める。

ぼんやりと周囲を窺いながら、ぶつぶつと独り言を呟くようになった。

「……そう……ここで、私は……追いかけられて……」

『丹原の跡』と彫られた石碑を見た瞬間、更に様子がおかしくなる。

「……そう、ですか……村の皆は……もう……」

ふっと友人の手から温もりが消えた。手を放したみゆきが前を歩く。

「……御館様の申されていたこと……ようやく私にも理解が……」

「みゆきさん、一人で先に行くと危ない！」

猪や熊が出現する可能性は高い。友人は注意を促すが、みゆきは進んでいく。

「みゆきさん！」

大きな声で相手の名前を呼ぶ。既に彼女の姿は引き離され見えなくなっていた。倒れた大樹を飛び越え、藪を掻き分け前に進む。すると一気に開けた場所に出た。

『……ごめんなさい……ありがとう……』

彼女の声が聞こえた気がして辺りを窺う。すると、何やら光るものを発見。

「これは俺があげた、髪留め……」

その後、友人は捜索願いを出すも、みゆきと再び出会うことはなかった。自宅に戻ると、まるで最初から存在していなかったかのように彼女の衣服等は消えていたと言う。

彼女が一体どこから現れ、何者だったのかは分からない。けれど丹原集落を調べていくと、閉塞状態にあったこの地で血縁を絶やさぬよう近親相姦や身寄りのない子供を囲った噂もあったらしい。

警察の捜査取り止めと同時に、友人も髪飾りを集落へ埋めることに決めた。

自分との思い出を、忘れてもらわぬように。

似島（広島市南区）

瀬戸内海の南に似島《にのしま》と呼ばれる島がある。安芸小富士と呼ばれる山や天然の砂浜は正に風光明媚。魚釣りや海水浴、みかん狩りなど観光地としても楽しめる穴場スポットだ。

そんな似島には『臨海少年自然の家』という、多くの小学校が野外活動として使う場所がある。私の友人も小学五年生の頃、この場所に学校行事として訪れた。

彼女は幼い頃から身体が弱く、学校も休みがちだったという。そのせいで三泊四日の野外研修も回避すべきと親から言われたが、どうしても友達との思い出が作りたいと半ば強引に参加を決めた。初日はオリエンテーリングやレクリエーションがメインで、皆で飯盒炊飯《はんごうすいはん》や星空観察を行うなど大変ながらも楽しい一日を過ごした。

しかし、問題は二日目に訪れた。

朝からカッター訓練を行うことになっており、海岸へ集合する一同。だが友人は前述の通り身体が弱いので不参加に。巨大なカッターボートの船出を砂浜に座って見守っていると、指先に何かが当たった。

目線を向けると、そこには綺麗な白い石。何度も波にさらわれたのか、表面はつるつるとして感触が心地良い。

友人は思い出として、その石を持って帰ることに決めた。

その日の深夜、宿泊所で唐突に友人は目覚めた。近くで同級生の寝息や布団を蹴る音が聞こえる。昨日は歩き疲れてすぐに眠ったが、今日は見学のせいであまり動いていない。それで眠りが浅いのかなと思ったが、どうやらそれだけではない異変が起こっていた。

金縛り。身体が、どれだけ力を込めても動かないのだ。

唯一動かせるのは眼球のみ。けれど部屋は真っ暗なため、状況が掴めない。

助けを求めようにも声は出せず、恐ろしさから涙が零れる。そんな最中――ズズ、ズズと何かを引きずるような音が聞こえてきた。

『オォオオ、オオオオオオオ』

更には不気味な呻き声がしてそちらに視線を移す。先程まで寝ていた友達が、いつの間にか包帯を巻かれた人間へと変わっている。

（嫌だ、恐い恐い恐い恐い恐い恐い）

これは悪い夢、早く覚めてと願う。だが願いは叶わない。

どしゃ、と部屋のどこかで何かが倒れる音。嗅いだことのない異臭が鼻孔を刺してくる。

瞼を強く閉じ、実家で待つ家族に助けを求め続けた。しばらくすると部屋の扉が開く音がして、誰かが入ってきた気配を感じる。

『――……――……』

ぼそぼそと何かを話しているのは分かった。微かに聞き取れた単語は『手遅れ』『埋めて』だったと言う。

それだけ告げると足音は去っていく。同時に音も小さくなり……気付けば朝焼けの部屋に戻されていた。枕は涙で湿っており、瞼は泣きすぎたせいで腫れている。

すぐに教師の元へ行き、昨夜の出来事を説明。けれど「環境が変わって悪い夢を見ただけだ」と相手にしてくれなかった。

あれは本当に夢だったのか？　疑問を抱きつつも三日目の野外活動を行っている時、またもや友人は恐ろしいものを見てしまう。

海の向こうに、ぽつんと佇む人影。そういうシルエットというだけで、本当に人かどうか定かではない。一体あんな場所で何をしているのだろうと思っていると〈それ〉はこちらへ向かって近付いてきた。恐ろしくなって、その場から逃げ出す友人。

けれどそれは海だけではなかった。木の陰、山の奥、建物の隅、様々な場所に〈それ〉は姿を現す。

ここにいてはいけない、そう感じた友人は体調不良を理由に島から出ることを決めた。教師は困惑したが、無理をさせる訳にはいかないと判断して帰船に付き合ってくれた。

何とか実家に戻ることができたものの、友人の体調は優れないまま。その日は夕食も摂らず自室でひたすら眠ることに決めた。

だが友人の思いとは裏腹に、最悪の事態が起こってしまう。

深夜、ベッドで寝ていると昨日と同様に物音と呻き声が聞こえてきた。そんなはずがない、ここは島ではないのに。

うっすらと瞳を開ける。暗闇だが、昨日までいた島の一室に戻されていることが分かった。

ガチャリと扉の開く音がして、足音が近付く。友人の隣に立ったせいか、昨日よりも話の内容は聞き取れる。

『――これも手遅れだ。例の場所に埋めておけ』

すぐ間近に『何か』が迫ってきた。こちらの様子を窺うように。

「いっ、いやぁああああああああああ！」

絶叫し、ベッドから飛び起きる。それを聞きつけた両親が部屋に飛び込んできた。

「どうしたの⁉　大丈夫⁉」

友人は母親に泣きついた。恐ろしい夢を続けて見ていること、そのせいでおかしなものが見え始めていること。

「最初の日は何もなかったんだよな……？　何か原因に思い当たることはないか？」

父親に訊ねられ、友人は思い出す。カッター訓練を見学している最中、砂浜で綺麗な石を拾ったと。

「石？　ちょっと見せてみろ」

ポケットに入ったままの白い石を取り出して渡す。それを見た瞬間、両親は軽い悲鳴を上げる。

「あ、あなた……これ……!」

「……間違いない、これは……骨だ……」

翌日、両親は会社を休んで友人とともに祈祷してくれるという神社に向かった。

神主は事情を聞いた後、問題の骨を見て表情を落とす。

「……これは人骨ですね」

「な、なぜそんなものが……」

「見つけなさった場所は似島だったと仰いましたか。あそこは第二次世界大戦終了直後まで陸軍の検疫所が置かれており、更に原爆投下後には臨時の野戦病院として一万人以上と言われる被災者が運び込まれたんです」

「け、検疫所……野戦病院……?」

「それだけの患者に診断や治療など施せる訳もなく……多くの亡くなった者達が今もあの地に眠っているのです。娘さんが拾ったこの骨の持ち主も、恐らく……そんな時代の被害者でしょう」

神主の話を聞き、あの恐ろしい夢の内容に合点した。もしかするとあれは、現実に起こった出来事の記憶が呼び起こされたのかもしれない。

「来てくださってよかった。処置が遅れていれば娘さんの身に何が起こっていたことか……」

祈祷を終えた後、人骨も神社で預かっていただくこととなった。

それからは恐ろしい現象も消えたと言う。

現在も似島での遺骨発掘は行われており、霊感の強い人が異変を訴えることも多いという。一度足を運んでみてはいかがですかと言われたが……少し考える時間を頂くとしよう。

福山グリーンライン（福山市）

広島の有名な心霊スポットとして、福山グリーンラインという場所がある。水呑町洗谷から鞆町後地まで総長一四キロメートルのドライブコース、県道二五一号線の通称である。

ドラマや映画でも有名な鞆《とも》の浦《うら》を眼下に、瀬戸内海や四国山脈を眺められる国内有数の景勝地だ。

そんなグリーンラインだが、現在でも多くの事故が発生している。加えて過去には地元市議会議員の子供が誘拐された後に殺害、トンネル付近に捨てられるという痛ましい事件が起こった。付近には供養のために多くの地蔵が設置されているが、数体の頭部はなぜか紛失している。

心霊現象としては女性の霊が出る、車が突然動かなくなる、子供の泣き声が聞こえてくるなど他の心霊スポットでもよく聞く話ではあるが……。

「実際の所どうなのかなって、冷やかしのつもりで向かったの。どうせ暇だったし」

友人の今村は、当時のことを思い出してそう語る。

「彼と二人で、深夜○時頃にグリーンラインへ到着した。トンネルに霊が出るっていうから、路肩に車を停めて歩いてみたの。でも何も起きなくて、正直私はほっとした」

窓の外を眺める彼女の瞳は、悲しみを帯びている。

「献花を発見して、馬鹿みたいにはしゃいでたっけ。不謹慎だよね。手あたり次第に写真を撮って、もしかしたら何か写るかもしれないって。すると一台の車がやってきたの」

詳しいことは分からないが、国産の白い車だったと言う。今村達を通り過ぎて、すぐに視界からいなくなると思っていた。しかし……。

「トンネルを越えた辺りで、その車は停まったの。それに気付いた私達は、何だろうと思った。少しすると男性が一人、運転席から降りてきて……」

何かを叫びながら向かってきたらしい。怖くなった二人は、急いで自分達の車へと戻った。

「何だよアレ、危ない奴？」

「恐い！　早く立ち去ろう！」

エンジンがかからないとか、そういうお決まりはやめろよと彼が叫ぶ。幸いにもそのようなことは起こらず、車はすぐに進み出した。

尚も迫ってくる男に対して彼は窓を開け「残念だったな、バーカ！」と捨てゼリフを吐いてUターン。その場から立ち去ることに成功した。

「本当に恐ろしいのは霊ではなく、生きた人間ってことか」

皆に話すネタができたと嬉しそうに喋る彼に対して、今村は表情を曇らせたまま。

「大丈夫、すぐに忘れるってあんなの」

「……そうじゃなくて……窓を開けた時、トンネルだったせいかな。聞こえた？　私の気のせいかもしれないけど……」

「まさか子供の泣き声がしたとか言うんじゃないだろうな」

あざ笑うように言う彼に対して、頭を左右に振る。

「そうじゃなくて……男性の声に違いないけど……もっと短い……」

しばらく考え、もうじきコーナーに差し掛かろうとした時だった。

（……ろ……しろ……？　…………うしろ？）

今村がミラーで後部座席を確認すると――そこには見知らぬ女性の顔。

「きゃあああああああああッッッ!!」

「えっ!?　な――うわぁあああああああああッッ!!」

車はそのままガードレールを突き破り、崖下へと転落。たまたま通りかかった遠距離トラックの運転手が事故を発見、数時間後に救助される運びとなった。

「あの時、私が悲鳴を上げなければ……そんなことを考えてしまうの」

彼は事故の際に外へ投げ出され、帰らぬ人に。今村は一命を取り留めたが、腰椎を損傷したようで車椅子生活の可能性も高いらしい。

持ってきた見舞いの品を置き、私は何と声をかけるべきか悩む。ただ、不謹慎かもしれないが……大事な友達を失うことにならず、本当に良かった。

「…………退院したら、グリーンラインへ献花に行くつもり。トシも一緒に、ついてきてくれる？」

私は頷きながら「勿論」と答えた。

岡山の怖い話

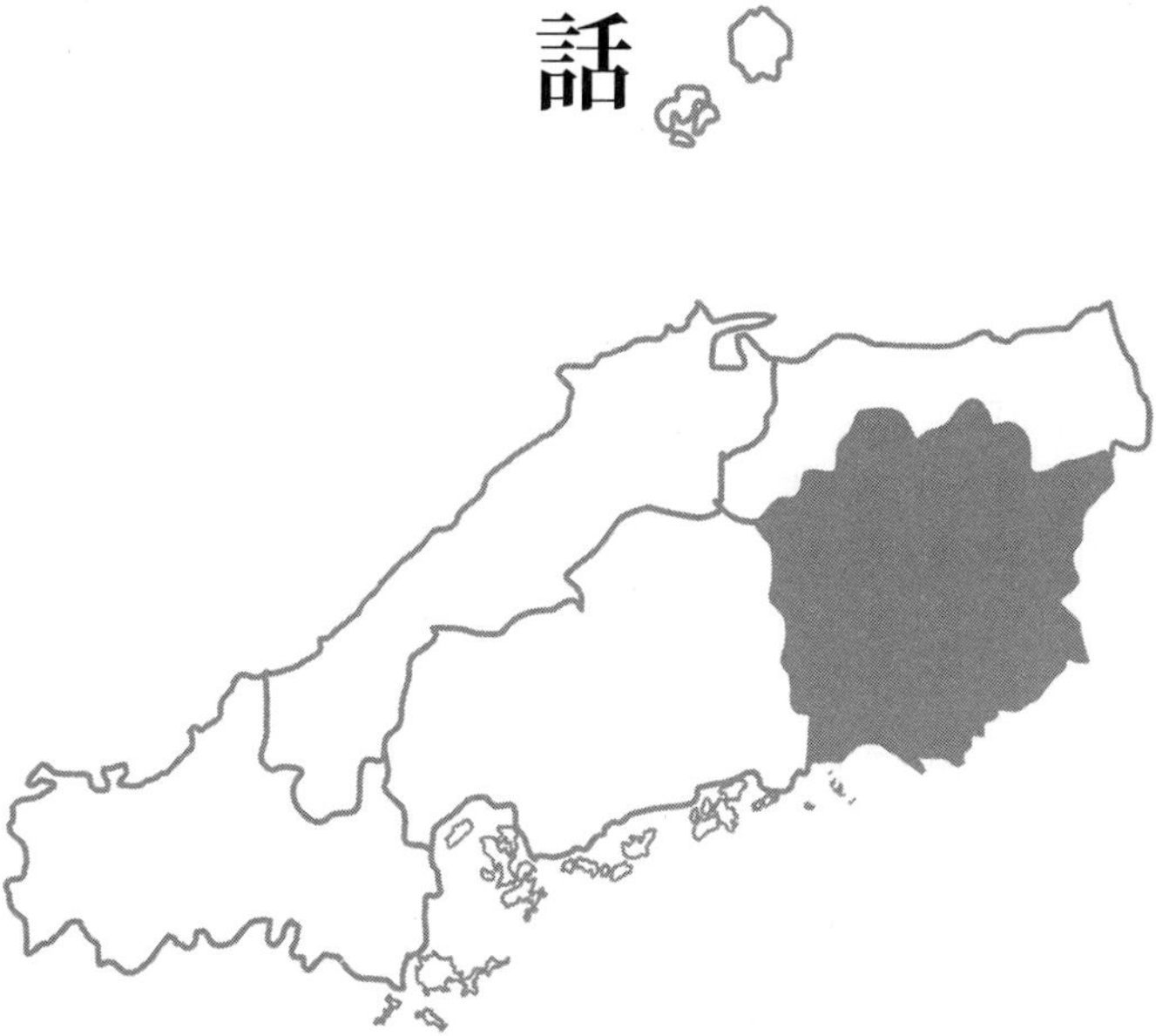

育霊神社（新見市）

蛇の道は蛇、ということで以前よりお世話になっている住職にお話を伺った。

聞くべき内容は「過去にヤバイと感じた心霊スポットを教えてほしい」である。

彼は顎を擦りながら少し考え、ある場所を教えてくれた。

「育霊神社を知っているか？」

初めて聞く名前だったので、訊ねてみる。

「丑の刻参りが今でも行われているということで有名な場所さ」

丑の刻参りと言うと……憎い相手を藁人形に見立てて釘を打ち込むという古典的な呪術のはず。

「そうだ。午前一時から午前三時にかけて御神木に藁人形を穿つのだが、これにも色々と決まりごとがある。白衣に扮し、連夜七日間続けなければならない。一度でも人に見られたら効力は消え、更に呪いが成就すれば自身にも不幸が跳ね返る」

過去には呪いの最中に発見され、その人物を殺害したという話もあるらしい。

不思議なのは、本人にも呪いが返ってくると分かっていてなぜ丑の刻参りを敢行するのか、ということだ。

「真に打算なし。知らぬが仏だ」

傍に置かれた茶をすすった後、話は続く。

「かつて神社周辺には城があったようでな。敵に攻め込まれ落城する際に、姫が飼い猫とともに山の祠へ避難した。猫は賢く、姫のために里から食べ物を運んでいたらしい。そんなある日、猫は敵兵に気付かれ斬り殺されてしまう。姫はそれを知り嘆き苦しみ、最後には自害を選んだ。父である城主は姫と猫の祠を建てた後、残った力で丑の刻参りを行い……結果、敵兵は変死を遂げたという」

確か丑の刻参りの発祥は京都の貴船神社だと聞いたことがある。件の育霊神社は、その派生形だろうか。

「元は古墳時代まで遡るぞ。八世紀頃と思われる遺跡から胸に鉄釘が打ち込まれた木製人形も出土している。日本書紀や平家物語にも、丑の刻参りに関わる一文が残されている」

それだけメジャーな呪術にも拘わらず、限定的に貴船神社や育霊神社が名指しされる理由は何なのだろう。

「キーポイントは〈誰にも見られてはならない〉ってところだろうな。育霊神社は山頂の、しかも非常に分かりにくい場所へひっそりと建っている。呪術を行うにはうってつけだろう。貴船神社に至っては〈初丑祈祷〉というものがあり、祀られている貴船大明神の降臨が丑の年・丑の月・丑の日・丑の刻だったことが、起因していると思われるが」

そこで一体、どんな体験をしたというのか。

「一時期テレビで育霊神社が取り上げられ、存在が知れ渡ったようだ。そこから呪術を行おうとする輩が後を絶たなくなったらしい。何とも罰当たりなことだが。私も直接この目で現状を把握しておきたいと思い、若い頃に足を運んだことがある。オカルト好きの友人を運転手にして、な――」

岡山県新見市と場所は分かっているものの、現在のようにナビが主流ではなかったから何度も迷い、社務所へ着いた頃には図らずとも深夜になっていた。その足で奥の院がある山頂へ向かう運びとなったのだが……。

「育霊神社の白鳥居をくぐった瞬間に、何やらこう……心臓を冷たい手で握られたような感覚が走った」

友人は何も感じなかったようで「早く行くぞ」と急かしてくる。山を登っている最中も「深夜なのに鳥がうるせえな」と文句ばかり言っていたという。

「標高のある山ではないのに山道の傾斜がきつくてな。息が切れ、額にじわりと汗をかく程だった。参拝者への配慮や整備は行われておらず、懐中電灯で周囲を警戒しないと滑落する危険性すらあった。後から知ったことだが、日没後の参拝は禁じられていたらしい」

中腹まで到着するとバス停のような休憩場があったが、壁もベンチもボロボロになっていた。

「あれは浄め堂として、天上と現世を分ける結界の役割を担っていたはず。それが修繕もせず放置したままなど、管理している者の神経を疑ったよ」

思い出したら腹が立ったのか、彼は怒りを露わにする。

その後も進んでいくと、育霊神社と書かれた石塔を発見。同時に背後から「うおっ⁉」という友人の悲鳴が上がった。

「悪い、石段につまずいた——って、おい。あれ」

明かりを照らす先に、目的地である奥の院を発見。ようやくか、と多少の達成感を抱きつつ近付いていく。

「さっきの休憩所に比べたら幾分かマシだが……ここもボロボロだな」

言う通りだと感じた。せっかくの歴史ある御堂もこのような扱いではと悲しい気持ちになる。

更に守り神らしき石像が鎮座されていた。通常ならば犬や狐、蛇などを模していることが多いが、伝承元となる姫の飼い猫がモチーフとされている様子。けれどその顔は目が剥き出しで鼻もなく、まるで——焼けた人面のようだ。

奥の院周辺には他にも、猫の地蔵や猫の置物があちこちに置かれている。だがどれもとって付けたようなものや、近くの商店に売ってあるようなものばかり。

「おい、こっち見ろよ。鉄鎚があるぞ」

友人が手にしたのは年季の入ったハンマー。丑の刻参りに訪れた者は、これを使って呪術を行ったのだろうか。

「とりあえず周辺の樹を探ってみようぜ。藁人形が見つかるかもしんねぇ」

二手に分かれて調べていく。そんなにすぐ見つかるはずもない――そう思いつつ、ひび割れた樹に光を照らす。しわがれた人肌のようだなと感じつつ触れてみる。すると何か硬い物に当たった。

「……ちょっと待て、これは……」

それは錆びた五寸釘。しかも並んで縦に三本突き刺されていた。藁人形は恐らく、発見した神社関係者が取り除いたのだろう。けれど分かる。場所的にこれは……頭、心臓、腹だ。

もしやと思い、他の樹も調べる。

……あった。釘の刺さった樹が、あちこちに。

噂が本当だったことに恐怖を感じていると、突然「バキバキッ！」と何かが折れる音が聞こえた。そう遠くない距離、何があったのかと駆け寄る。

そこには何もなかった。そう――『あるはずのもの』さえも。

友人の姿である。

まさかと思い、山の斜面に光を当てた。先程できたと思われる土の削れた跡と、友人の物であろう靴が片方だけ発見された。

全身が総毛立つのを感じる。

深夜だということも忘れて大声で友人の名を叫んだ。何度も、何度も。当時は携帯電話など持っておらず、下山しなければ救助を呼ぶこともできない。

どうすべきか悩んでいると、足元から「――おーい」という声が聞こえた。友人の声に間違いない。大丈夫なのか訊ねると「――足が」と言う。

とにかく友人の元へ向かおうと、慎重に樹々を掴みながら斜面を滑っていく。枯葉とぬかるみが相まって踵に力を込めなければどこまでも転がっていきそうな気がした。

「ここだ……痛《いて》ェ……マジで最悪……」

僅かに動く暗闇に光を当てると、眩しそうな友人の顔が見えて安堵する。大樹に寄りかかり、靴を履いてない足を地面に伸ばしていた。よくみると滑落の際に枝で切れたのだろう、額からも出血している。

「捻っちまったみたいで……自分で立つのが辛い。手を貸してくれ」

相手の腕を肩へ回して起こそうとしながら、何が起こったのか訊ねてみた。

「分かんねぇ。樹を調べていたら突然後ろから衝撃が……」

当然この場には我々しかいない。突風でも吹いたのだろうか。

「クソッ、そこら辺に財布も落としたみてぇだ……ってか、うるせぇな……」

さっきから気になっていたが、何に苛々としているのか。

「鳥だよ、鳥。恐らくキツツキだ……カンカンカンカンうるさくて仕方ねぇ」

うるさい？　いや何も聞こえやしない。だがそれを友人に伝えると「嘘だろ？　ずっと鳴っていたぞ。ほら、今だって」と言う。

……嫌な予感がする。もしかしてその音は、キツツキなどではなく……。

突如、ガサガサッという音が聞こえてきた。そして、何かが近付いてくる気配――。

どこからだと懐中電灯で周囲を照らす。そこでようやく二人は気付いた。

辺り一面の樹に、夥しい数の藁人形が突き刺さっていることに。

「うっ、うわぁぁあああああああっっ」

友人の悲鳴を皮切りに、二人とも弾かれたように山を下る。痛みより恐怖が勝ったのだろう、足を怪我している友人も全速力で走っている。

「おっ、おいっ！　う、ううう後ろっ！　追ってきてるぞ！　ああああああ！」

友人の言葉に一切耳を傾けず、ただがむしゃらに進み続けた。何度も樹に身体をぶつけながら、それでも何とか出発地点の白鳥居まで到着。

流石に限界がやってきて、その場に崩れ込む。息を切らせながら「大丈夫か」と訊ねると友人は何がとは言わないが「……消えた」とだけ答える。

彼もようやく気付く。登山中ずっと続いていた不気味な感じが気配ごと消えていることに。

「あの場所には二度と立ち寄りたくない」

再び茶をすすりながら、彼は溜息交じりに語る。

「そもそも丑の刻参りというのは相手に呪いをかけるものではなく、思いつめた気持ちを外へ放つというカウンセリング療法だ。しかし想いも強くなれば念と化す。書いて字の如く『心を今に落とす』までにな。我々の常識では考えられない出来事が起きたとしても、何ら不思議ではないだろうよ」

……つまり、それが心霊スポットということだろうか。

話を聞き終え、ふと不思議になったことを訊ねた。彼の友人が見た『何か』……足の怪我があったとはいえ、暗闇の山道を全力滑走している男達の速度に一般女性が追い付けると思えない。とすれば、やはり――。

「……分からん。それを聞く『手立て』もない」

その後、山に落としたとされる友人の靴や身分証が入った財布は今も発見されていない。

貝尾・坂元両集落（津山市）

その夜、突然アパートの呼び鈴が鳴らされた。訪問者を確認するとヤマさんで、手には大きな袋をぶら提げていた。

「パチンコで勝ったからさ、色々買ってきた」

惣菜やお菓子、飲み物を次々と部屋に並べていく。夕飯を食べ終えた後だったが、せっかくなので御相伴に与《あずか》ることに。

その後、膨れた腹に幸福感で満たされていると「これ観ようぜ」と何かを取り出す。駅の近くにあるビデオレンタル屋のケースに入ったＶＨＳテープ、タイトルには『八つ墓村』と書かれている。

「観たことあるか？」と訊ねられたので私はないと答えた。

もはや知らない人こそ少ないと思うが、八つ墓村とは横溝正史の代表的長編推理小説『金田一耕助シリーズ』の一つである。映画のキャッチコピーに使用された「祟りじゃ〜っ！」は流行語にもなったらしい。

そんな過去の名作を鑑賞。およそ二時間の上映を終えた後、感想を聞かれる。素直に面白いと感じた。残酷な描写は多々ありつつも、複雑に絡み合った過去と現在が一つに繋がる内容は流石の一言。

「これってさ、実在した事件が元になっているんだぜ」

私が「ほぉ」と感嘆の声を漏らしていると、ヤマさんは食い気味に「興味あるよな？」と詰め寄ってきた。嫌な予感がする。

「日本史上最悪とも呼び声高い……それが『津山事件』さ」


一九三八年五月二一日、岡山県の貝尾集落にて三〇人にも上る村民が殺された。殺人鬼の名前は『都井睦雄《といむつお》』。父母を肺結核で亡くすが遺産があり、姉と祖母三人で比較的裕福な暮らしを送っていたらしい。

都井は小学校卒業直後に肋膜炎を患い、医師から農作業を禁止され、無為な日々を過ごす。病状は快方に向かい復学したが、姉が結婚した頃からじきに引きこもるようになっていく。

一九三七年、彼は結核を患い徴兵検査で不合格となる。集落は夜這いの風習があり、都井も複数の村娘と関係を持っていたが、病気が発覚してからは感染を恐れられ、次第に無視や陰口を叩かれるようになった。そんな心ない風評に、都井は復讐心を募らせていく。

同年、彼は狩猟免許を取得。自宅や土地を担保に借金をして、散弾銃や武器を大量購入、山で射撃練習に励むようになり、村民は不気味がった。

一時は警察の家宅捜査により凶器の類を全て失うが、知人や刀剣愛好家を伝手に執念で再び買い揃える。

駐在所の巡査が出征で欠員中ということも計算に入れ、都井は五月二〇日一七時頃に電柱に登り送電線を切断。田舎故に復旧は翌日以降となった。

五月二一日深夜一時四〇分頃。都井は詰襟の学生服に軍用ゲートルと地下足袋、頭のはちまきに懐中電灯を両側一本ずつ結わえつけ、首にはナショナルランプ、腰には日本刀と匕首《あいくち》を二振り、手には改造猟銃という武装した鬼のような姿で行動を開始。最初に殺害されたのは自宅で就寝中の祖母だった。彼は後に残る不憫さを感じ、持っていた斧で祖母の首を刎《は》ね即死させた。この考え方はサイコパス診断にも用いられている。

その後は隣A宅へ侵入し妻と子供三人を殺害。

更にB宅へ侵入して妻と娘二人を殺害。

三軒目のC宅では猟銃を使い、家の主人と妻、その親戚一人を射殺。その際、殺害された主人の母親が命乞いをしたが都井は「お前んトコには元々怨みを持っとらんじゃったが、嫁をもろうたから殺さにゃいけんようになった」と言い放ち発砲。母親は奇跡的に一命を取り留め、希少な証言者の一人となる。

四軒目はD宅。主人と長男とその妻、五女と六女を射殺するが四女に逃げられてしまう。

四女はそのまま隣のE宅へ助けを求めに向かった。E宅の主人は自分の娘とD宅四女を匿ったが射殺される。娘達は生き残ることができた。

更にF宅にて主人と母親を射殺、そのままG宅へ進み妻と二人の娘を射殺。気が触れてしまい猟銃を突き付けられても茫然としているG宅の主人に、都井は「お前はわしの悪口を言わんじゃったから堪《こら》えてやるけんの」と言われ見逃されたらしい。

H宅では主人の妹と母親を射殺。異変に気付いた主人は都井とかち合う前に隣町へ向かっており生還。駐在所に事件の一報を知らせた。

そしてI宅へ侵入し主人の両親と妻子供を射殺。J宅では雨戸を開けて外の様子を覗く妻を射殺し、そのままK宅へ進み主人と妻を射殺。

以上の犯行は一時間半に及んだという。

村での復讐劇を終えた都井は血に塗れた姿で隣町へ移動。以前より親交のあった者の家へ侵入し、そこの娘から鉛筆と紙を譲り受ける。去り際に都井は子供に向かい「うんと勉強して偉くなれよ」と声をかけた。

その後三・五キロ離れた荒坂峠山頂にて遺書を作成し自殺。猟銃にて自身の胸を打ち抜いており即死だったと思われる。

話を聞き終え、私は何とも言い難い感情に囚われた。身勝手きわまりない犯行動機には率直な怒りを覚えつつ、時折垣間見える複雑な感情の葛藤には一抹の哀れみを感じてしまう。

「そんな都井睦雄の足跡を明日、辿ってみようじゃないかって話さ」

長い前振りではあったが、つまりそういうことらしい。

「何でも倉見にある彼の生家は、今も残されているようだぞ」

日本犯罪史上最も残酷とまで言われていながら？　どうしてだろうか。

「取り壊そうとすると、不幸な目に遭うとか」

もはや事故物件。話を聞いただけでは行きたいと思わなかっただろうが、映画を観た後となれば気持ちも変わる。私は「奢《おご》られたし、仕方ないな」と言いながら、若干の興味を抱いていた。


岡山の県北、美作《みまさか》加茂《かも》駅から平井病院沿いの道を進んだ先が貝尾集落である。田舎の美しい景観といえば聞こえが良いが、実際は限界集落化を何とか維持している状態らしい。

車の窓から『貝尾』と書かれた標識が見えた。年季の入った家が並び、中には放置され緑に覆われたもの、破壊されたままの廃墟まである。

外灯らしきものはなく、夜になれば周囲は闇に包まれるはず。集落全体が得体の知れない不気味な雰囲気を纏って感じられるのは、事件を知っているせいだろうか。

「当時の津山事件関係者は、ここに誰も残っていないらしいぞ」

その心中は察せられる。誰しも辛い過去を引きずりたくはない。

「この辺りで車を駐めて、散策してみよう」

ヤマさんの提案通り、私達は歩いて回ることに。しばらく進むと、あるものを発見した。

「これは、墓……だな。おい、ちょっと見てみろ」

墓石側面には亡くなった方の命日が掘られていた。昭和一三年五月二一日……。

「事件の被害者に間違いない。隣の墓も、その隣も同じ日だ」

疑っていた訳ではないが、はっきり証拠を目にして震えが走る。

「次は都井の住んでいた辺りに行ってみよう」

再び車に乗り込み、私達は先へ向かう。

何度も地図を確認しながら進んでいき、ヤマさんはある場所でブレーキを踏む。片側は畑、反対は転々と家が並んでいるだけの特筆すべき点が何もない場所だった。

「……この辺りのはずだが、家はもうないのか」

車を降りて付近を見渡すが、そこは更地になっていて特別なものはない。

「ダメ元で近所で話を聞いてみるか？」

躊躇《ちゅうちょ》する私を尻目にヤマさんは一番近い家の玄関扉を叩く。だが反応は返ってこなかった。

「留守なのか、既に人が住んでいないのか……残念だな」

私はどこかから見られている不気味な感じがして「早くここから離れよう」と急かす。ヤマさんも渋々車へと戻った。

「次は都井睦雄が自殺した場所へ向かうぞ」


荒坂峠へ向かう道は狭く、車で進むのは難しいと判断した私達は登山を決行。傾斜が五度はある山道をひたすら上り続けた。額に汗を浮かべ、息を切らしながら進むと集落が一望できる絶景ポイントへ辿り着く。

絵葉書にでも使えそうな景色を眺めていると、ヤマさんが「あったぞぉ」と死にそうな声で話しかけてきた。

振り返り指差す先を見ると、そこには小さな地蔵の姿。のっぺらぼうで、お世辞にも凝った造りとは言えないが何でも二百年以上前から設置されているのだとか。

「都井睦雄は……大量殺人を行った後、この地蔵へお参りしたらしい。そして横の山道を上り遺書をしたため自殺した」

貝尾集落を一望できるこの場所を最後に選んだのは偶然か、それとも。結核を患った男が凶器を背負い、この急こう配を上ってきたというのだから信じられない。

「遺書の内容も公開されている」

ヤマさんは事前に用意してきた紙を私に渡す。

『愈愈死するに当たり一筆書置申します、決行するにはしたが、うつべきをうたずうたいでもよいものをうった、時のはずみで、ああ祖母にはすみませぬ、まことにすまぬ、二歳のときからの育ての祖母、祖母は殺してはいけないのだけれど、後に残る不びんを考えてついああしたことを行った、楽に死ねる様と思ったらあまりみじめなことをした、まことにすみません、涙、涙、ただすまぬ涙がでるばかり、姉さんにもすまぬ、はなはだすみません、ゆるしてください、つまらぬ弟でした、この様なことをしたから決してはかをして下されなくてもよろしい、野にくされれば本望である、病気四年間の社会の冷胆、圧迫にはまことに泣いた、親族が少く愛と言うものの僕の身にとって少いにも泣いた、社会もすこしみよりのないもの結核患者に同情すべきだ、実際弱いのにはこりた、今度は強い強い人に生まれてこよう、実際僕も不幸な人生だった、今度は幸福に生まれてこよう。

思う様にはゆかなかった、今日決行を思いついたのは、僕と以前関係があった寺元ゆり子が貝尾に来たから、又西山良子も来たからである、しかし寺元ゆり子は逃がした、又寺元倉一と言う奴、実際あれを生かしたのは情けない、ああ言うものは此の世からほうむるべきだ、あいつは金があるからと言って未亡人でたつものばかりねらって貝尾でも彼とかんけいせぬと言うものはほとんどいない、岸本順一もえい密猟ばかり、土地でも人気が悪い、彼等の如きも此の世からほうむるべきだ』（※原文引用）

都井睦雄は集落の女性と肉体関係を結んでいなかったという話もある。つまり彼の妄想であり妄言である、と。

小説家を目指していたと聞くので『自分の中の世界』を作り上げる才能は確かにあったのかもしれない。死を前に、おかしくなった可能性もある。だが真相を知る術はない。

私は今一度景色を眺めながら、遺書最後の一文を心に呟く。

『もはや夜明けも近付いた、死にましょう』

戦中に生まれ、病を患ったことで徴兵に落ち、誹謗中傷を受けることとなった都井睦雄。彼が行ったことは到底許されることではない。だが時代に翻弄された被害者の一人とも言える。

悲しい思いを抱きながら私達は最後に貝尾から一〇キロ先、鳥取県との県境に位置する加茂町倉見にある都井の墓へ向かった。

都井家の墓から離れた場所にぽつんと置かれた小さな石。ここに都井睦雄が埋められているらしい。

話によると睦雄の姉は「せめて立派な石塔を作ってやりたい」と願った。けれど姉の夫は「石塔など、もってのほか。睦雄の墓だということは他人に知られてはならない」と言い、倉見川から拾った川石を石塔代わりにして睦雄の遺体を埋めた上に置いたのだとか。

死んだ後も、このような扱いを受けている。私達が墓へ赴いた時、草は伸び荒れ放題となっていた。これも彼が犯した罪に対する罰とでも言うのだろうか。

私は墓の前で合掌し、願った。もしも彼が生まれ変われたら……平和な世界で、健康に一生を過ごせるように。

御札の家（倉敷市）

揺れる車の後部座席に寝転がりながら、私は事の顛末を思い返す。

前日明け方までレポート制作を行い、ようやく一区切りが付いて眠ろうとした矢先に部屋の呼び鈴を押された。重い身体を引きずるようにして玄関へ辿り着くと、覗き穴の先にヤマさんの姿が見える。

「突然で悪いな、ちょっと相談事があるんだ」

申し訳なさそうに話す彼に私が欠伸で返していると、他にも人がいることに気付く。

「こちらはバイトの先輩で関本さん。彼女が抱えている悩みを、トシに解決してもらいたい」

言っている意味が分からないのは、寝不足のせいだろうか。とりあえず二人を部屋の中へ招き入れる。

「つまり心霊に関わる話なんだよ」

ああそっちかと気を重くしながら、とりあえず話を聞く。

「トシさんは色んな心霊スポットに赴いて、真相を突き止めているのだと聞きました」

関本さんの言葉を聞き、横にいるヤマさんへ冷たい視線を向けるも、素知らぬ顔で躱《かわ》された。

「私には小学生の妹がいたんですけど、行方不明になりまして……警察に捜索を出したのですが、数日後に遺体で発見されました」

いきなりの重い話に面食らいながら、更に事情を聞いていく。

「警察の方からは事故死だと言われました。現場近くに市営アパートがあるのですが、屋上で遊んでいる最中に転落してしまったのだろうと」

遺体におかしな点でもあったのだろうか。

「いえ、特には。ですが妹は亡くなる数日前に学校の友人と、とある心霊スポットへ足を運んだそうで……死の原因は呪いだとか、そんな噂も広まって」

「妹さんが亡くなった原因をはっきりしておきたいということさ」

確かに、そんな噂を立てられたままでは嫌すぎる。

「お願いします、お金も支払いますから」

いや、それは受け取る訳にはいかない。私は除霊師や霊媒師の類ではないのだから。正直、気は進まないが困っている人を目の前にして逃げ出すのも情けない。

できる限りのことはするが、必ずしも納得のいく結果が出るとは限らないことを約束してもらう。関本さんは何度も頷きながら「ありがとうございます」と頭を下げた。

「よし、では今から出掛けようぜ。問題の心霊スポット――『御札の家』に」

……回想終了。最初はいつものようにヤマさんと二人かと思われたが、今回はどうしても関本さんがついていきたいというので三人で向かっている。勿論、何かあっても自己責任でという了承も得ている。

「御札の家は、岡山でもかなり有名な心霊スポットらしいぞ」

運転しながら話しかけてくるヤマさんに、私は「へぇ」と答えた。

「倉敷市児島由加にぽつんと残る廃屋で、かつて一家心中が起こったと噂されています。亡くなった家族が霊障に悩まされた結果、お札を貼りまくったのだとか」

「事前に許可を得ようと市役所に調べてもらったんだがな、土地所有者の連絡は取れなかった」

　となると、今回も不法侵入……？　裁判沙汰になるのだけはやめてほしい。

「まあ、その時は事情を説明して地面に額を擦りつけながら謝ろう」

　やれやれ、と外を眺める。市内から離れ、見渡す限り山ばかり。妹さんは市営アパートから転落と言われたらしいが、それらしき建物があるとも思えなかった。

「両親が離婚しまして、妹と私は母と一緒に祖父母の住む家へ引っ越したんです。市営アパートは岡山市内にあり、父親が住んでいました。週末には会いに行っていましたから」

　ついでに妹さんが御札の家に行ったきっかけを聞いておく。

「最近できた仲の良い友達に誘われたと言っていました。私は止めたんですが、言うことを聞かなくて……その日を境に、妹の様子はおかしくなったと思います」

　具体的には、どのように？

「怖い夢をずっと見ると言っていました。一緒に寝ていましたが、夜中に突然うなされたり泣き出したり……でも母や祖父母には話せないでいたようです」

　もしかすると、父親に相談を持ち掛けようとしたのかもしれない。結果、アパート屋上から転落死してしまうことになるのだが……。

「話を聞くと、確かに呪いかもしれないって思うよな」

車は駐車場へ停まった。地図を取り出し確認するヤマさんを他所に、関本さんは車から降りて「近くなので案内します」と申し出てくれた。

竹や太い樹々に囲まれた細道を私達は進む。目的さえ違っていれば風情があると感じたかもしれないが、今は不気味としか思えない。

かなり歩かされることも覚悟していたが、予想に反して到着は早かった。

「あれが……御札の家です」

見た目は普通の古い民家だが、一階部分の損傷が激しい。塀は崩れ、壁もちょっとした衝撃で崩壊しそうな感じがする。思いのほか広く、母屋以外にも倉のような建物が見えた。

「あいたっ！　おいおい、何だよコレ」

ヤマさんが近くの柵に触れた瞬間、手を怪我してしまう。よく見ると有刺鉄線が張り巡らされていた。侵入者撃退用にしては、あまり意味をなしていない気がする。

関本さんに目線を向けると、怯えた様子で立ち尽くしている。微かに肩が震えて見えるのは、私の見間違いではないだろう。

「中の様子を見てきますから、ここで待っておいてください」と伝えるが、関本さんは首を振り「……いいえ、私も行きます」と告げる。

心配ではあるが、皆と一緒がいいと感じた私は「何かあればすぐに戻ってくださいね」と伝えた。関本さんは大きく頷く。

入り口扉は最初からなくなっていたため、簡単に中へ入ることができた。一歩足を踏み入れた瞬間、廃屋独特の埃と枯れ木の混じったような臭いが鼻孔を刺激する。床は半壊しており、ある意味では足の踏み場もない。腐った床を踏み抜かないよう慎重に進んでいく。

障子の残骸や割れた壺、脱ぎ散らかしたままの衣服などから生活者の名残を感じ取れる。

天井は梁《はり》が剥き出しで、恐らく二階床部分が崩れ落ちたのだろう。

部屋は全体的に吹き抜け状態で、外から見るより広く感じた。

「新聞がある。昭和四七年……そんな昔から放置されているのか」

一家心中という話だが、いつどこで亡くなったのか不明。いくつか『そういう現場』

に足を運んだが、必ず痕跡は残るものと理解している。それがない場合はデマであることが多い。丁寧に室内を調べていくが……。

「――あの、これ……っ！」

関本さんが何かに気付いて指をさす。近付いて見ると、ようやく一枚目の御札を発見。

「神棚が壊されている。そこに飾っていたものかもしれない」

しかも『家内安全　交通祈願』と書かれていた。呪いを祓うものではない。

他にもよく調べれば壁に貼られた御札を破いた跡などが見つかった。が、どれも安っぽい作りの物ばかりだ。

「既に御札を取り外された後ってことか？」

仮にそうだとすれば、なぜ御札だけを外したのか。床にあった謎のノートを見ると、そこには『太田三二　平野三五四三　金谷三二二四』など意味不明な内容が書かれていた。

何より私がずっと気になっているのは……。

「トシ、こっち来てみろ。階段があるぞ」

ヤマさんの元へ向かうと、確かに階段が存在した。けれど私が片足を乗せて体重をかけただけで「ミシミシィ」と危険な音を立てる。

「足場が完全に腐ってんぞ。ちょっと上るのは危険かもな」

諦めようとした瞬間、話を聞いていた関本さんが「私なら……平気かもしれません」と言い出す。確かに女性の体重ならば何とかなるかもしれないが……。

「ここまで来たんですから……調べられる所は全て調べておきたいんです」

悩んでいるとヤマさんが「よし分かった」と告げる。

「俺が下で見張ってるから、危険だと感じたらすぐに戻るように。それでいいよな？」

「ありがとうございます、行ってきます」

関本さんが二階へ消えていったのを見届け、私は一階の探索を続ける。

相変わらず御札はない。その代わりに見つけたのが――。

再び階段だった。しかもこちらは損傷が少なく、私でも上れそう。

関本さんと二階で合流できるかもと思ったが、すぐに不可能と悟った。母屋ではなく、倉の階段と気付いたのである。

ヤマさん達を呼ぼうかと考えたが、わざわざ戻るのも面倒と感じた。さっさと確認して、結果だけ伝えればいいだろう。

ゆっくり階段を上っていき、二階へ到着。辺りを見回して、すぐに気付く。

六、七畳ほどの空間に並ぶ大小三つの木箱……いや違う。これは――。

棺だ。小さな子供用と、両隣に夫婦用の棺桶……。

中には布団が敷かれており、人型にへこんでいるように思う。

なぜこんな物が……？　そんなことを考えていた次の瞬間――。

「トシッ！　トシ！　どこにいる!?」

ヤマさんの声が聞こえてきた。何か只事ではない様子を察し、急いで一階に下りる。

大広間に誰もおらず、外へ出るとようやく二人の姿が見えた。家から少し離れた場所で関本さんはうずくまり、それを心配そうに見守るヤマさん。

事情を聞くと、ヤマさんは首を振りながら答えた。

「二階から突然叫び声が聞こえて、彼女が慌てて下りてきたんだ。そのまま走って家を飛び出て、今の状況さ……」

横にしゃがみ、関本さんに「大丈夫ですか？」と訊ねるが口元を押さえて震えるばかり。これはもう引き返すしかないと判断し、私達は御札の家を後にした。

車へ戻り後部座席に関本さんを寝かせた際、弱々しい声で彼女が話しかけてきた。

「祖父母の家が近いので……そちらへ……案内、しますから……」

数分後、目的地へ到着。関本さんの祖父母に事情を説明し、休ませてもらうことに。関本さんは奥の部屋で布団を敷いて横になったらしい。しばらく安静にしておけば、問題はないだろうと教えてくれた。

お祖父さんが神妙な顔で我々に何があったのか訊ねてきたので答える。怒鳴られでもするかと思ったが意外にも「……そうか」と呟くだけ。そんな反応に何かを知っている気がして、私は御札の家について知っていることがあれば教えてほしいと頼んだ。

「……あそこは元々、宗教絡みの家じゃった。詮索はせんほうがええ」

その言葉に、私は合点がいく。理解されにくい話だが、私は霊に関わる場面や自分の身において嫌な予感がした際は背中がビリビリと痺れる。だが今回、御札の家を探索している最中も痺れは一度も来なかった。その代わり、ずっと身体が重く何かが纏わりついているような嫌な感覚はあった。説明も難しいが、現場に残された強い『念』のような……。

『怖い』のではなく、とにかく得体の知れない『嫌』な感じがした。

「彼女の妹さんが亡くなる直前、御札の家へ訪れたらしく……ずっと呪いによって殺されたのではないかという噂に心を痛めていたようです」

ヤマさんの言葉に、お茶を持って現れた関本さんのお祖母さんが「は？」と声を漏らす。

「あの子に妹なんて、おりゃあせんけどね」

「…………え？」

「死産じゃったんよ。そのせいで母親はノイローゼにかかってな、それこそ訳の分からん宗教に手を出すまでなってしもうた。それが原因で離婚となり、こっちへ戻ってきてのう。母親から何の話をされたんか、あの子も学校では浮いておったらしい。誰もおりゃあせんのに一人でぶつぶつと話しておったりの」

「不憫な子じゃ。その母親も自殺してしまって、ずっと孤独じゃろうに……」

「…………どういうことだ？　もう訳分かんねぇよ……」

頭を抱えるヤマさんに、私はかける言葉を失っていた。

後日、関本さんはバイトに来なくなり店をクビになったらしい。心配したヤマさんが何度か電話をかけたが着信拒否され、彼女が二階で何を見たのかは分からないままである。

廃納骨堂（岡山市中区）

「私、小さい頃から同じ夢を年に一度は見るんだよねぇ」

大学の同級生である吉田六花が、飲みの席で話を振ってきた。

どんな内容か訊ねると、自分が殺される夢だと言う。

「山奥の坂みたいな、そんな場所を上っていくと廃屋があんの。鉄の扉は壊れてて、中に入ると真っ白の何もない空間というか。そうそう、トンネルみたいな。奥に行くとボロボロの棚がいくつも並んでたり、ちょっと異質な感じ？」

吉田は一瞬、沈んだ表情を見せる。

「壺とか床に転がってて、マジで不気味。もう帰ろうと思った瞬間、突然背後から誰かに首を絞められるの」

一緒に話を聞いていた吉田と仲の良い門包《もんづつみ》彩華が、怯えた様子で自分の首を庇う。

「苦しくて暴れる時、自分の靴が見えるんだ。赤いスニーカー。段々と目の前が真っ暗になって、ああ私、死ぬんだって。なぜか知らんけど、それが二〇歳の自分ってことだけは理解してんだよなぁ」

二〇歳ということは、つまり……。

「そう、今年。この前、誕生日きた。だから幼い頃から、私は二〇歳までしか生きられないって思ってた」

「えぇ、やだよ。六花が死んだら私、哀しいよぉ」

本気で涙を流す門包に、吉田は慌てながら「ごめんごめん」と謝る。

「あくまで夢の話だから。わぁもう、泣くな泣くな」

テーブルに置かれたお手拭きで門包の涙を拭く吉田。二人は互いが大学に入って初めてできた友人らしく、いつも一緒に行動している印象が強い。受ける講義もサークルも一緒だ。

「何でこんな夢見るんだろって、小さい頃は怖かったけどさ。多感な時期に入るとムカついてきたよね、ふざけんなって」

所謂逆ギレという奴か。とはいえ気になる内容だった。確か夢診断によると廃屋は

『辛い現実』『過去に囚われる』といった意味で、殺害は『成長』『状況の変化』を表していた気がする。

「それってつまり、人生を一変させるようなことが起きるってこと？　うわーどうしよ。めっちゃイケメンの金持ちから求婚されたら」

はいはい、と呆れた感じで相槌を打ちながら烏龍茶を口にしていると、横から聞き慣れた声が飛び込んできた。

「何か面白そうな話してんじゃゃねぇか」

アルコールが回って顔を真っ赤にしたヤマさんが乱入してくる。学部こそ違うが、交友関係が広い彼は飲みの席で必ずといっていいほど呼ばれる人気者だ。正直、うらやましい。

「山奥の小屋に複数の棚と壺があったんだろ？　それって間違いねぇよ」

「え？　ヤマさん、何が間違いないの？」

普段は生意気な口調の吉田もヤマさんの前では敬語を使う。

ヤマさんは私の飲んでいた烏龍茶に、さも当然のごとく口を付け、じっくり間を置いて話す。

「…………納骨堂だよ」

「？　ノーコッドーって何？」

骨壺に入れた遺骨を安置しておく建物と説明すると「えーやだー」という悲鳴が上がる。

ビビらせて遊ばないよう軽く睨んでヤマさんを牽制する。ただの陶芸小屋かもしれないのだから。

「いや、俺には確証があるね。近々またトシと心霊スポット巡りするために色々調べてたんだが、こういうのを見つけたのさ」

私の知らない所で、この人は何を計画しているのか。

「岡山市中区国富に廃納骨堂があるんだが、そこで数々の怪奇現象が報告されているらしい」

事前に用意されていた資料をカバンから取り出し、テーブルの上へ置く。全くこの人はいつもこんな物を持ち歩いているのか。

資料の書き込みによると、現場で心霊写真が撮れたり体調を崩したりする者が後を絶たない様子。

そもそも納骨堂や墓地といった場所は、霊が集まって当然と考えている。遊び半分でやってきた生者にフラッシュを焚かれ騒音を聞かされ、これほど迷惑な話もないだろう。

「そんなこと言う人、初めて見たよ……」

未確認生物でも発見したような顔で私を見る門包。

「写真もあるぞ。これ一枚だけだが」

写っていたのはボロボロの納骨堂らしき建物。こんなものを見せられただけでは何とも、と思ったが予想外の食いつきを見せたのは吉田だった。

「……この場所って近いの？」

「ああ、車だと二時間もかからないと思うぞ」

「…………似てる、かもしんない」

飲み屋の喧騒に包まれた空間で、やけに彼女の呟きが耳に通る。

「いつここへ行くの？　皆で行こうよ、ねぇ！」

「ちょっ……六花⁉」

「彩華も一緒に、ね？」

「わ、私は……」

「夜じゃなきゃいいんだしさ。市内行くならショッピングしようよ。どっかで美味しいもの食べてさ。いいでしょ？」

「でも、そういうの……ちょっと……」

両肩を掴まれ、それでも拒否しようとする門包に対して吉田は言い放つ。

「……え、嫌なの？」

「り、六花あのね？　話を聞いて」

「いつでも一緒っていってたよね。それなのに何かあった時には離れる訳？　アンタの友情ってそんなもんなんだ？　だったらもういいわ、頼まない」

流石に言い方というものがあるだろう。悪酔いしているのかもしれない。私が吉田を止めようとした時、門包が呟く。

「わ、分かった……行く……一緒に」

その言葉を聞いた瞬間、ぱあっと吉田の表情が一変。門包を抱きしめ「ありがとー！」と叫んでいる。

「で？　いつ行く？　予定決めちゃおうよ！」

「来週には車を借りられる。トシは木曜と金曜が講義なかったよな」

ちょっと待て、私が行くのは決定事項なのか。傍に置かれた酒を飲み、苦みから顔をしかめてみせた。

岡山平野を一望に収める瓶井山《みかいさん》の中腹に建立された重要文化財、『安住院多宝塔』。そこに登る道すがらに、件の心霊スポットは存在する。山道を登っていくと、見渡す限りの墓群が姿を現す。

「何とも異様な雰囲気を漂わせているな……」

ヤマさんの言いたいことは分かる。現に私の背中から痺れが生じていた。

無数にある墓のほとんどが手入れもなく放置されている感じに思える。土に眠る先人達も、さぞ悲しんでいるだろう。

警戒心を上げつつ、傍にいた吉田へ声をかける。夢に見た光景と同じか否か。

「……階段……両脇に小さなお地蔵様がいない……？」

気にしながら奥まで進む。そして――。

「……おいおい、マジか」

確かに存在した。

階段に地蔵、その先には廃納骨堂が見下ろすように建っている。

場所が墓地であれば階段も地蔵もあって当然。だが吉田は『両脇』だと言い当てた。

これを偶然で片付ける訳にはいかない。

「夢に見たものと同じだとすれば……ここで殺されるってのか……？」

引き返すという選択もありだと思う。しかし吉田は、それを拒否。

「……大丈夫、私一人って訳じゃないし」

とにかく彼女だけにしないことを誓い、廃納骨堂の入り口へ進む。

「鉄の扉が壊れているとも言っていたよな。アレを見てみろよ」

こちらも、ズバリ的中している。ここまでくると驚きもしなくなった。

扉は横に三つ並んでいる。まずは手前から調べてみることに。

「トンネルの意味も、よく分かるぜ。中は何もないぞ」

棚や壺が転がっていると聞いたが、それもない。

ただ、所々に燃えた後のような箇所がある。火葬場としても使っていたようには思えないが、何か事故でもあったのだろうか。

「おい吉田、他には何か――吉田？」

室内を覗き込む私達が振り返ると、吉田と門包の姿が消えていた。嫌な予感が増していくのが分かる。

「吉田、門包、どこだ⁉」

ヤマさんの声に応答はない。僅か数秒間の出来事、二人は必ず近くにいるはずだ。別の場所を調べているのだろう、そう思って我々も中央の扉へ移動。

「ここは……祭壇、か？」

破壊されているものの、確かに何かを祀る場所であったことは分かる。横には夢の話でも出ていた棚がずらりと並ぶ。ここに骨壷を保管していたのだろうか……。

「こういった物を放置したまま、管理者は何をしているんだろうな」

一般的な廃屋だと家族が夜逃げをしたり一家心中をしたりというケースが多い。だが廃納骨堂のみならず墓地全体が投げ捨てられた感じだ。一体どんな原因でこんなことになったのか、私には想像も付かない。

「とにかく今は二人が心配だ。早く見つけてやらねぇと」

私は頷き、最後の扉へと向かう。

「ここも最初の部屋と同じような造りか。二人ともいないぞ……？」

いや違う。確かに造り自体は同じだが、よく見ると奥は曲がり角となっていて、どうやら部屋が続いている様子。

「おお、よく気付いたな。よし、行ってみようぜ」

私達は部屋の奥に進む。その時――。

「あぁ――ご――ぅ――」

呻き声に似たものが聞こえてきて戦慄する。ヤマさんにも聞こえたようで、こちらに話しかけてこようとするのを私は口元に指を当てて制す。

……この奥か。中へ入ると、夥しい程の棚が置かれていた。中には倒れて通行を妨げているものもあったが、それらを避けて更に先へ。

すると、少し開けた場所に出てきた。ここが一体何の場所かは分からないが……中央に吉田と門包の姿も見える。

「探したぞ！　こんな所で何をして――」

そこで見た光景に、私達は思わず動けなくなってしまう。

「ぉお……！　あ……！　が……！」

呻き声は、門包から発せられるものだった。彼女は後ろから吉田に首を掴まれ、もがき苦しんでいるのである。足をバタつかせながら。

そう、つまり吉田の細腕で門包の靴底は地面から離れているのである。

信じられないが、実際に目の前で繰り広げられているのだから認めざるを得ない。

ヤマさんは大声で「何やってんだお前！」と叫び吉田の腕を掴む。私は門包の身体を抱え、二人から引き離そうと試みた。

「ちょ……待て……！　離れねぇぞ……！」

困惑するヤマさんを尻目に、私は吉田の表情を拝む。

――否、見てしまったと言うべきか。

普段お調子者で小動物を彷彿《ほうふつ》とさせる可愛らしい印象の吉田が、今は鬼のような形相をしているのだ。顔のあちこちに血管を浮かべ、目も焦点が定まっていない。

形容するなら――『鬼』のようだった。

私は恐怖に慄《おのの》きつつ、吉田の指を剥がしにかかる。門包の白い肌に吉田の爪が食い込み、赤く変色していた。女性のなせる業ではない。

『ガアアアアアアアアアアアアアアッッッ！』

突如、吉田が咆哮《ほうこう》。納骨堂が震えたのではないかという音量に顔をしかめてしまう。

それと同時に、私の腕に着けていた数珠のブレスレットが切れて床に散らばる。これはお世話になっている住職から万が一のためにと貰った物だが、心霊スポットに赴く際には必ず持っていくようにしていた。それがまさか切れるとは。

『ガアア……アッ……！』

すると吉田の手から門包が解き放たれ、二人ともその場へ倒れ込んでしまう。

「何が……一体、何が起こったんだ……？」

ヤマさんの言葉を、そのまま返したい。

とにかく私達は二人を背負って外へ出ることにした。

「……まさか殺される夢が殺す夢になるとはな……」

そんな呟きに、私は反論する。全てが正夢になったと。

「は？　それはどういう意味だよ」

私は門包を背負っているのだが、視界の端から彼女の履いている靴が見える。吉田は言っていた。殺される瞬間、赤いスニーカーが見えたと。

「た、確かに門包は赤のスニーカーで、吉田は白のスニーカーだけどさ……」

　恐らく吉田自身も気にして、わざと靴を変えてきたのだろう。それに夢も現実も、首を絞められたのは後ろから。相手の顔など確認できてはいない。

「つ、つまり夢は最初から……被害者の視点だったということか？」

　とにかく、吉田が目を覚ましたら話を聞いてみよう。それで真相は明らかになるはずだ。きっと……。


　岡山市内の病院へ二人を連れていき、門包は翌日には退院。しかし吉田は脳波に異常な乱れがあるとかで、目を覚まさずにいた。更に腕が疲労骨折を起こしており、時折悪い夢でも見ているかのように身体を跳ね上げるのだとか。

　ようやく目覚めたのは三日が過ぎてのこと。連絡を受けて病院へ向かうことにしたが、門包だけはそれを拒否した。

「仕方ないさ、一番信頼していた友人に殺されかけたとなればな」

　やむを得ず私とヤマさんの二人で見舞いへ向かう。正直、私も怖かった。あの日の鬼気迫る吉田の表情が脳裏に浮かび上がって恐ろしくなる。だが、皆が彼女の元から逃げ去ってしまってはあまりに酷だ。勇気を振り絞って病室の扉を開けた。

彼女はベッドに座り、虚ろな目で窓の外を見ている。

「よう、身体の調子はどうだ？」

見舞いの果物を掲げつつ、努めて明るい声をかけるヤマさん。吉田は、ゆっくりと私達に目を向けて呟く。

「………誰、ですか？」

吉田は過去の記憶を失っていた。自分や家族の名前以外、まるで思い出せないらしい。

ひとまずここを退院できたら、大学を中退して施設でゆっくりと治療を進めていく予定だと聞いた。

「それでも完全に記憶が戻ることは、ほぼないんだとさ……」

病院を出て、煙草を吸いながらヤマさんが話す。

「俺が、廃納骨堂の話題を持ち掛けなければ……」

いや──分からないが、これは決められた運命だったように思う。吉田が飲みの席で夢の話を始めた段階からセットされてしまっていた結末……そんなふうに思われてならない。仮にヤマさんが誘わなかったとしても、きっと吉田は誰かを誘ってあの場所へ向かったはずだ。

「トシは、これが霊の仕業だと思うか……？」

それについても分からない。ただ、あの場所が普通ではないことは分かる。

後日、住職の元へ私は向かった。数珠が壊れてしまったことを説明するために。

こちらの話を黙って聞き終えた住職は、顎を擦りながら告げる。

「祟られていたのかもしれんなぁ」

驚くことを言う。吉田はお調子者ではあったが、人から恨まれるような人間ではなかった。

「その娘じゃない。先祖の話だ」

一体、どういう意味だろうか。

「祟りや呪いにも色々ある。肝要なのは『いつ降りかかるか分からない』点にある」

まさか世代を越えて……？　もしそうなら、執念深さが半端ではない。

「何にせよ、かなり強い怨念だったようだな。可哀想に」

住職は目を閉じて念仏を唱え始めた。私も同じように合掌する。

『――幼い頃から、私は二〇歳までしか生きられないって思ってた――』

どこか悲しげに語る姿が思い浮かぶ。

彼女の新しい人生が幸せであることを、切に願う。

古城池トンネル（倉敷市）

当時、岡山県倉敷市にある『古城池トンネル』は有名な心霊スポットだったらしい。内容を聞くと「車と並走してくる老婆、通称『ジェットババア』が現れる」のだとか。そのネーミングセンスから昭和を感じさせ、検証するのも馬鹿らしいと思ってしまう。

更にはトンネル近くが古城や処刑場跡だったことから「落ち武者が現れる」という噂もあるが、調べると火葬場があったという話くらいで有力情報は得られなかった。けれど古城池トンネルは他のトンネルに比べれば明らかに事故率が高い。どこにでもある何の変哲もない直線トンネルなのになぜか。

これは男友達が実際に体験をした話である。

免許を取得したばかりの友人は、安い中古車を探していた。ある日、某ディーラーから「希望に添う中古車が入荷した」という連絡を受けて店へ向かう。型も良く走行距離も短い上にカーナビまで付いた車だった。何より驚いたのは、その値段。

「別のお客様も購入したいと仰っています」と急かされ、この機会を逃す訳にはいかないと考えた友人は長期ローンで購入。人生で最も高額な買い物をした。

「普段は近場を乗り回し、休みの日には彼女と海を見に行く予定を立ててさ」

当日、せっかくだからとカーナビを使うことに。すると登録していない位置情報が画面に現れる。

「前の所有者が設定していたものを、消し忘れたんだろうな」

興味本位で調べてみることに。

「これって、おかしくない？　目的地がトンネルになっているけど」

彼女の言う通りだった。わざわざトンネルに出向く者など、そうはいない。

「トンネル工事の作業員とか、トンネルマニアだったのかもしんないぞ」

「何よ、トンネルマニアって」

そんな話をしながら、車は発進する。

昼過ぎに海へ到着、ショッピングや食事を楽しんでいると時間は深夜になってしまった。友人としてはどこかで一泊したいと思っていたが、朝から講義だからと彼女に断られる。

　渋々帰路に就いていると、突然カーナビが音声ガイドを発した。

『次ノ信号ヲ　左折　デス』

　画面は何も表示されておらず、設定を行った記憶もない。

「故障か？　うるさいから電源切っておこうぜ」

「これってタッチパネルでしょ？　触っても反応しないんだけど」

　友人が乱暴に画面を叩くが、やはり反応はない。更に音声ガイドは続く。

『次ノ交差点ヲ　左折　デス』

　最初は無視を続けていたが、タイミングよく会話に割り込んでくるので次第に苛々してきた。ミュートもままならず、いっそ本体ごと外してやろうかとも考えたがネジで固定されているためにそれもできない。

「てかこれ、どこへ連れていこうとしてんだよ」

　ナビのルートから外れると音量が上がった気がした。まるで「言う通りにしろ」と告げているかのように。

二人の会話は、いつしかなくなっていた。ガイドの言うことを聞くつもりなどなかったが、気付けば誘導されるように車は進んでいく。

「……そういえば出発の時、目的地が設定されていたよね……？」

「トンネルがどうとかって、あれか……？」

「そう……古城池トンネル……」

トンネルは近くまで迫っている。普段だと何も思わない普通のトンネルが、まるで怪物の喉内《こうない》へ飛び込むような気味の悪い感覚に襲われた。

それは彼女も同じだったようで、運転している友人の袖を掴んでくる。

友人は息を止め、アクセルを踏み込む。大丈夫だ、すぐに突っ切れば問題ない……そう願いながら。

車がトンネルへ入った瞬間——キンッという高低差で味わうような耳鳴りが襲ってきた。軽い眩暈《めまい》を起こしつつ冷静に運転を続けようとした時、異変が起こる。

「…………？」

前を走っていたはずの車が突如として消えていた。それだけではない、対向車も後ろにいた車の列も全てなくなっている。トンネル内に自分達しかいないのだ。

現状が把握できないままでいると、再びカーナビが音声を発する。

『目的地ニ　到着　シマシタ　オ疲レ様デシタ』

同時に腕から激しい痛みが走った。表情を歪めながら目線を向けると、彼女の指先が深く食い込んでいる。それだけではない、ギリギリと万力で絞められているような痛みと骨が軋《きし》む音まで聞こえてくる。

「ちょっ……痛……おい……ッ」

助手席の彼女と目が合う。否、正確にはあっていないかもしれない。なぜなら瞳の焦点が定まっていないからだ。彼女は首を傾げ、大きく口を開けている。

「――――ヒッ……！」

悲鳴を上げそうになった瞬間、物凄い力で腕を引っ張られた。ハンドルを掴んだままだったため、車体は大きく左へと曲がり――。

トンネルの壁へ激突してしまう。

「つあ……ぐ……！」

気を失っていたようだが、強い痛みで目が覚める。フロントガラスは割れており、至る所に破片が散らばっていた。隣に座る彼女はがっくりと頭を垂れて、名前を呼んでも返事をしてくれない。早く救急車を呼ばなければ。

シートベルトを外して車から降りる。身体中が重く、特に左腕は全く動いてくれない。

静かすぎるトンネル内、足を引きずらせながら出口に向かう。このまま延々と出られなかったらどうしようと恐怖したが、予想に反して外へ出ることができたので友人は安堵する。

幸いなことにトンネルを出てすぐの場所に電話ボックスがあった。財布は持っていなかったが緊急番号にお金がかからないことは知っている。扉を開けて中に入り、受話器を耳に当てて一一九をプッシュ。

早く、早く出てくれと祈る友人。その時、受話器の向こうから声がした。

『引　キ　返　セ』

恐怖のあまり受話器から手を放してしまった瞬間、後方からバン！　という大きな音がして電話ボックス自体が揺れる。恐る恐る友人が振り返ると、そこには――。

血だらけの女性が睨み付けていたという。

友人は病院のベッドで目覚めた。意識が混濁としていた彼に医師が説明をする。

「貴方は恋人とドライブ中にトンネル内で事故を起こし、二日も眠り続けていたのですよ」

その衝撃で三箇所の骨折と擦過傷、打ち身をしていた様子。中でも特に酷かったのが左腕で、筋組織が潰されており今後も障害は残るかもしれないと言われた。

「あの……助手席にいた彼女は無事だったんですか？」

「大きな外傷はなかったよ。けどね……」

友人よりも早く目覚めた彼女は怯えたように暴れたらしい。かなりの恐怖心を植えつけられたようで自分の髪を引き抜いたり、舌を噛み切ろうとしたり大変だった、と。

「昨日、御両親に連れられて退院されたよ。貴方宛てに手紙も預かっている」

「……俺に、ですか？」

片手が不自由なので医師に読み上げてもらうことにした。書いたのは彼女の母親らしく、内容は『娘がこのようになってしまった以上、もう顔を見せないでほしい。貴方を恨むつもりはありません。どうか御自愛ください』というものだった。

友人は心に大きな穴が開いた気がして、その後しばらく自宅で引きこもるようになってしまった。

ちなみに事故を起こした車は業者に引き取ってもらったという話だが、廃車になったとは聞いていない。

もしかしたら今もどこかの中古車店で、新たな持ち主を待っているかもしれない。

キューピーの館（岡山市北区）

「水子供養を知っているか？」

お世話になっている住職宅で、銘菓『大手まんぢゅう』に舌鼓を打っていると訊ねられた。

水子供養……確か亡くなった子供の冥福を祈る風習だったような気がする。

「そう、これは日本独自のものでな。本来『水子』は流産や死産など出生して間のない赤子を指していたが、現在ではまだ出生していない胎児のことを指す」

実際、私には流産した兄か姉がいたらしい。祖父母の墓の隣には、その子を供養する小さな地蔵が置かれている。昔は、今よりも流産や死産が多かったのだろうか。

「この水子供養、実は色々ややこしく……檀家でなければ引き受けない、死に対する捉え方が違うのでできません、と手続きまで辿り着けん場合も多い」

何とも嘆かわしい話だ。祈りぐらい自由にあげさせてくれればいいのに。

「困り果てた結果、人知れぬ場所に集い、独自の供養を行うケースもあったそうでな」

独自の供養……？　どうも得体の知れない話になってきた。

「岡山市の高松稲荷に〈キューピーの館〉という場所がある。どうも過去に水子供養を行っていた場所で、今は放置されているのだとか」

さて、お腹も膨れたしそろそろお暇させてもらうとしよう。立ち上がった私の腕を掴み、住職は微笑みながら告げる。

「お前、好きだろう？　心霊スポット」

太い腕に力が込められ、私の絶叫が木霊した。


車で現場に向かっている最中も私の気持ちは晴れない。それはそうだろう、住職と心霊スポットを巡るなど洒落になっていないからだ。彼の強い力に、霊が引き寄せられる気がしてならない。

「憑かれ祟られても安心しろ。除霊を施してやる」

前提がおかしいことに気付くべき。とはいえ、その心霊スポットに興味がない訳でもない。いつから私はこんな人間になってしまったのか。

「車では、これ以上先に進むことができそうもない。歩いて向かうぞ」

言われて車を降りるが、目の前は道なき山奥。本当にこんな場所に館など存在しているのだろうか。

先導する住職が藪を掻き分けながら進んでいくのを私は黙ってついていく。水のせせらぎが聞こえているので、近くに川でも流れているのかもしれない。

しばらく進むと、住職が「あれか?」と声をかける。目を凝らしてみると、確かに長い草木に覆われるような形で建物が姿を現す。

「……この支柱、ちょっと待ってくれ」

住職はそのまま奥へ進んでいく。目的地に着いたのにどこへ向かうのだろうと思ったが、すぐに理解する。ボロボロの鳥居を発見したのだ。

「最上稲荷大明神　三光大明神――間違いなさそうだ」

鳥居の隣には倒された看板がある。

『お知らせ　當山上に祭礼せる三光天王は参道山崩れに遭い修復困難なため、縁故の深い一乗寺の境内に移転、宝塔を建立し祭礼しました――』

山崩れ……道中、地面の所々に亀裂が入り歩きにくかったのはそういうことか。

住職は確認を終え「よし、さっきの場所へ戻ろう」と告げる。

キューピーの館は想像以上に荒れていた。今にも崩れそうな屋根、木片だらけの床に転がった賽銭箱、壁の一角には寄進者の奉名板が並ぶ。

「キューピーというか、人形の館だな」

天井にぶら下がったもの、床に転がったものを数えたら百体近いのではないだろうか。よく観察すると人形の足や袋の中に名前と年月日が書かれている。

「比較的、昭和四〇～五〇年代のものが多い」

私が気になるのは、天井と人形の首を紐で吊るすという発想。これではまるで――。

「没年と書かれたものは、一体としてないな」

どういう意味か訊ねようとした瞬間、私の身体に重くのしかかる感覚が起こった。

「これを持て」

渡されたのは数珠。住職は館の中央に立ち、通る声で読経を始めた。私も後方に立ち、合掌しながら願う。亡くなった子供達が次に生まれてくる時、元気で幸せに過ごせますようにと。

「……帰るぞ」

持っていた数珠を奪われ、こちらの意見も聞かず館を後にする住職。外は薄暗くなっており、確かに暗闇の中で道なき道を進むのは危険だ。

一切迷うことなく車を置いた場所まで戻った私達。助手席に身を沈め、ひと心地ついていると、エンジンをかけながら住職が訊ねてくる。

「随分と真剣に拝んでいたな。何か感じることはあったか？」

館にいる間は他の心霊スポットのような恐ろしい感じがなく、悲しく寂しい思いがした。なぜあの建物を放置しているのか分からないが、きちんと然るべき場所に祀り直してほしいと思う。亡くなった子供の霊が可哀想だ。

「忘れ去られることは、死ぬより辛いかもしれんな」

それにしても疲れた。足場の悪い山道をあれだけ歩いたから無理はない。明日筋肉痛にならなければいいが。

「安心しろ。最初に言った通り、施してやるから」

私は住職が何を言っているのか分からず首を傾げた。

『――憑かれ祟られても安心しろ。除霊を施してやる』

……まさか、先程から身体が重たい原因は……。

なぜ、その場ですぐに対処してくれなかったのか。恨めしげに責めると、住職はあっけらかんと言う。

「一体二体ならまだしもなぁ……」

それ以上は何も聞かないでおいた。戻って除霊を行ってもらうと、びっくりするぐらい身体が軽くなった。

「前に『不思議と子供や動物に好かれる』と言っていたが、確かにそのようだな」

笑いながら告げる住職を、私は思いきり睨み付けたのだった。

沙美海岸（倉敷市）

沙美海岸は海水浴場として日本最古、更に〈日本の渚・百選〉にも選出され毎年多くの海水浴客で賑わう岡山県屈指のリゾートスポット。

瀬戸内海の穏やかな海と白い砂浜に囲まれて尚、私の心は沈んでいる。

理由は、あの不思議で不気味な記憶を思い出してしまうから。

そう、ここは同時に地元でも有名な心霊スポットでもあるのだ。


当時大学生だった私が期末試験を終えて休憩所で一段落していると、友人のヤマさんが声をかけてきた。隣には知らない女性が立っており、私に向かって会釈をする。この時点で既に嫌な予感はしている、どうせまた厄介事だろうと。一度でいいから「トシのことが好きだっていう女性を連れてきた」とか言ってくれないものだろうか。

「こちらは一回生の新垣さん。トシに相談事があるらしいぞ」

どうせ心霊に関することでしょと牽制すると、ヤマさんはニヤニヤとした顔で「いやぁ、それは聞いてみないと分からないぜぇ？」と言う。ま、まさか妄想が現実に？

「私が所持している写真に、おかしなものが写り込んでいて……悩んでいます」

やっぱりじゃないか。ドキドキを返せ。

隣で笑いを堪える男を無視し、私は場所を変えて話を聞いてみた。

「――今年の夏に沙美海岸という海水浴場へ行ったんです」

参加者は新垣さんを含めた女性三人に男性二人。

メンバーの一人、古賀さんは新垣さんが大学で最初にできた女友達らしい。

「彼女は九州出身で私も幼い頃に過ごしたことがあったため、それがきっかけで仲良くなりました。けれど古賀さんは不登校となり自宅へ引きこもるようになってしまったんです……」

原因が何だったのか聞いたが、言いたくなさそうだったので止めておこう。

「参加したもう一人の女友達、橘さんが彼氏と海へ行くと聞いたので私と古賀さんも参加していいか頼んだんです。少しでも彼女の気分転換になればと」

「女性の人数が多くなるし、運転手役に車を持っている男を誘った訳だな」

よく古賀さんも参加を決めたものだ。きっと新垣さんの優しさが伝わったのだろう。

「……いや、伝わらなかった。なぜなら古賀さんはその日、沙美海岸で自殺をしたからな」

――一気に空気が重くなる。一体なぜ、そんなことに。

「古賀さんは一言も喋らずに私服のまま、遠くの海ばかり眺めていて……誘った手前、やっぱり心配でしたからずっと傍にいました。夕方頃でしょうか、橘さんがそろそろ街へ戻ろうと言ってきて。私はすぐに着替えて戻ってくるつもりでした。更衣室から出ると周りの人達が騒いでいて……若い女性が服を着たまま海に飛び込み、意識がないって……」

すぐに救急車で運ばれたが、彼女は帰らぬ人となる。自宅に遺書が残されていないか御家族が探したというが、結局発見されていない。

つまり古賀さんは最初から自殺するために参加したということだろうか。

「可能性は高いが、問題はそれだけじゃないんだ。最初に言っただろう？　相談の内容を」

そういえば、写真におかしなものが写っているとか……。

「帰る前に皆で撮影したものです。古賀さんは、かなり嫌がっていましたけど」

新垣さんは一枚のポラロイド写真を取り出す。それを手に取り、じっくり眺めてみる。

中央には幸せそうな男女が立っている。橘さんと彼氏だろう。その隣に立つチャラそうな男と、困った顔の新垣さん。端で俯いているのが古賀さんか。

「古賀さんの身体にだけ、赤みがかった灰色のような煙が巻き付いているよな」

これは一体何だろうか。逆光？　機材の問題？　だがヤマさんは頭を左右に振る。

「よく見ると、手が巻き付いているように見えないか？」

言われてみれば……心霊写真かどうか判断できないが、不気味なことに違いない。

「それから数分後に古賀さんは海へ飛び込んだ。沙美海岸は海難事故も多いと聞く。果たして自殺か、それとも亡霊の仕業か……」

不安ならお祓いをしてもらえばいいと思うが、何を悩む必要があるのだろう。

「皆が手放したほうがいい、お焚き上げや奉納をしてもらったほうがいいと言うんです。ですが古賀さんとの写真はこれしかなくて、私としては手放したくありません」

「それで、これが本当に心霊写真なのかどうか調べてほしいということだ。トシの知り合いに除霊に強い住職さんがいらっしゃるだろう？」

成程、話は理解した。そういうことなら頼んでみよう。

「だがまぁ、その前にやれるだけのことはしておくべきと思うのさ」

……嫌な予感が再び私を襲う。こういう時の予感は当たるのだ。

「四九日も近いので沙美海岸に献花へ向かうつもりだったんです。橘さん達も誘ったのですが断られました」

「同じ大学の生徒が沙美海岸で自殺したって話は、結構裏で騒ぎになっている。俺も気になったもんで、情報を集めていたんだ。その最中に新垣さんと知り合ってな……」

……今に至るという訳か。

「丁度いいと思ったのさ。新垣さんの悩み事も解決できるかもしれないし、俺達もまだ行ったことがない心霊スポットで調査ができる」

相当不謹慎な気持ちは否めないが、新垣さんが悩んでいることは間違いない。できる限り人助けはしておくべきだと思う。それが巡り巡って自分のためになるからだ。

私は了承し、ヤマさんにいつ現場へ向かうのか訊ねた。

「え？　今すぐ出発するぞ」

既に車の準備をしていると言う。もはや私の意見を聞く気だったのか疑わしいレベル。

……いや、あまり深くは考えないようにしよう。


道中、花を買ったり食事を摂ったりしながら沙美海岸へ到着。既に陽は落ち、辺りは真っ暗だった。

事前に準備していた懐中電灯を手に、まずは写真撮影を行った砂浜へ向かう。

時期的には人がいてもおかしくないはずなのに、なぜか人の気配がない。海の家で働く方から話を伺うと、どうやら台風が接近しているのだとか。どうりで風が強いはずだ。

「ここで間違いないよな？」

写真を照らし合わせながらヤマさんが言う。とはいえ周囲は闇のため、なかなか確認が難しい。けれど新垣さんが「はい、ここです」というので間違いないだろう。

「とりあえず写真を撮ってみるか」

ここで問題が生じたのは誰が写るか。もし煙のようなものに包まれていたらと思うと、正直恐ろしい。

とはいえ女性に危険な役回りをさせる訳にはいかないので、新垣さんにカメラマンをお願いする。「私がお願いしたのに、すみません」と申し訳なさそうな彼女に対してヤマさんは笑顔で「気にするな」と言う。女性慣れした人は凄い。

「では、このデジカメを使って数枚撮ってくれ」

言われるがまま、新垣さんは私達を撮影していく。わざわざポーズや表情を付ける必要もないのだが反射的に動いてしまうのは悲しい習性だ。

「よし、確認してみよう」

少しドキドキしていたが、煙は写っていない。

その後も数枚、海を撮影して終了とする。新垣さんもほっと胸を撫で下ろした様子。

「あそこの岩場が献花に丁度よさそうだ」

ヤマさんの指示する場所に花を置き、皆で黙祷する。合掌を解き隣を窺うと、眉間に皺《しわ》を寄せて念じる新垣さんの横顔が見えた。波の音で内容までは聞き取れないが、真剣さは伝わってくる。

「……これで気持ちに整理がつきました。ありがとうございます」

深々と頭を下げる新垣さん。心霊検証とまではいかなかったが、たまにはこんな終わり方もいいだろう。そう思っていた。

——この時点では。


翌日、大学が休校だったこともあり私は住職の元へ向かった。ヤマさんのデジカメを借り、念のために画像を確認してもらうのが目的である。

住職は私が沙美海岸で撮影したものだと告げると、途端に神妙な面持ちになった。一つ一つ丁寧に画像を確認した後で、ふぅと息を吐く。

「最初に言っておきたいことは、撮影されたものの中に霊が写り込んでいる」

いきなり告げられて私は思わず「えっ」と声を上げてしまった。

「この箇所を見ろ」

じっくり観察すると……なぜ今まで気付けなかったのだろう、確かに海の中から覗き込む女性らしき顔が。

「だが悪霊の類ではない。恐らく呼び寄せられたのだろう」

一体誰に、と訊ねようとして私は思い止まる。

「最初に赤の混ざった灰色のような煙が女性に纏わりついていたと言ったな」

引きこもりとなり気持ちが沈んでいた古賀さんに憑こうとする悪霊ではないかと私達は思っていた。

「逆だ。彼女の強い怨念に周囲の霊が反応し、集まってきたのだろう」

そもそも引きこもる原因を私は聞いていない。彼女はなぜ、新垣さんの誘いを断らなかったのか。

「撮影者を呼べ。事情を聴きたい」

私は急いでヤマさんに電話をする。彼には今日、住職の元へ向かうことを伝えていたためか三コールで電話に出てくれた。

『もしもし、どうした？』

私は撮影したものの中に霊が写っていたことや、煙の原因が古賀さんの怨念から生まれたものだったと伝える。

『……ちょっと待て。それって、つまり……』

新垣さんや橘さん、またはその彼氏と話ができるか訊ねてみた。ヤマさんは『分かった、後でこっちから連絡する』と言って一旦電話を切った。

——それから一時間くらい経過して、ようやくヤマさんから電話がかかる。

『ダメだ、三人とも捕まらない。その代わり、ちょっとよくない話を聞いた』

どんな話を聞いたのか教えてもらう。

『古賀さんと一緒に海へ行った時のメンバーに運転手の男がいる。そいつから聞いた話で、どこまで真実か分からないが……橘の彼氏、かなりのクソ野郎だったらしい。新入生をサークルの体験入部に誘い、強制参加の打ち上げで女を泥酔させて襲っていたとか』

信じられない話だ、完全に犯罪行為ではないか。

『いつも違う女とヤッてるとか自慢げに話していたようだな。本人は遊んで捨てた相手をいちいち覚えていないだろうが、過去に古賀さんとよく似た女性を引っかけていたのを運転手の男が覚えていた』

よく似た女性、ということは違う可能性だってある。

『確かにそうだ。けれど……どうやら古賀さんは中絶をしていたらしい』

──なんだって？　話が急転して思考が追い付かない。

『大学を休み出したのも時期的なことを考えれば辻褄が合う』

つまり古賀さんは入学早々、橘彼氏に強姦され妊娠してしまった。ショックや不安から自宅へ引きこもり、ついには子供を堕ろしたということか……？

『ただな、それは新垣さんも知っていたはずなんだ。大学内で女遊びの激しい男を探っていたようだし』

親友を傷つけた相手と接近を試みた、と……？

『責任を取らせる、或いは話をしたかっただけかもしれない。けれど橘彼氏は古賀さんの顔すら覚えていなかった。その時の彼女の心情など、俺には想像も付かない』

終始浮かない表情で沈み込んでいた古賀さん。けれど写真を撮影した際、内に秘めた怨念が溢れ出し、霊が集まってしまう。

『ポラロイドだから、その場で写真は確認できる。自分を覆う禍々しい煙、最初に俺は言ったよな。それが手のように見えないかと。人は想像する生き物だ。古賀さんがその煙をどのように捉えたのか……もしかすると、亡くなった子供が自分を誘っていると思ったのかもしれない』

死人に口なし、確認を取ることは不可能だ。けれど思いを受け継いだ者がいる。

献花の際、新垣さんは険しい表情をしていた。更に彼女は告げていたではないか。

――これで気持ちに整理がつきました、と。

写真をどうするべきか、その悩みに整理が付いたのかと思っていたが実際は違う。

彼女が整理を付けたのは……親友を殺されたことへの復讐だ。

『人手を増やして、何としても見つけ出すさ』

そういってヤマさんの電話は切れた。

「……どうした、身体が震えているぞ」

住職に言われるまで、私は自分の様子にすら気付けなかった。


後日談となるが、未だに新垣さんと橘彼氏の姿を私達は発見できていない。

橘さんは部屋で眠っていたそうで、ヤマさんの連絡には気付かなかったと言う。

「夜中まで彼氏と電話してたら、突然誰か来たみたいだって言って。ちょっと見てくると言って離れたっきり戻ってこなかった。気付いたら私も寝てて、電話も切れてた」

その後、貰っていた合い鍵を使って彼氏の部屋に行くが照明もテレビもついたまま、財布や携帯も置いて姿をくらました様子。

あの日、彼氏宅へ訪れたのは新垣さんだったのだろうか。

彼女は親友の復讐を果たすことができたのだろうか。

私は恐ろしい。沙美海岸を眺めていると、赤みがかった灰色の煙をまとう彼女達が水面から現れそうな気がして——。

牛窓神社（瀬戸内市）

これは私が普段からお世話になっている住職の元へ、広島土産を渡しに向かった時の話。

彼の奥様に勧められリビングで待っていると、昼だというのに寝間着姿の住職が現れた。

「地元へ戻っていたらしいな。わざわざ土産まで……気を使わせたな」

よく見ると、彼の右手には包帯が巻かれている。何があったのだろうか。

「ああ、これは……祓うのに失敗してな。やっちまった」

何とも気になることを言うので、私は話を聞かせてほしいと頼む。

「失敗談を語るには、些か早すぎると思うが」

苦笑しながら私の向かい席へ座り、住職は事の顛末を語り始めた。

「この子……輝幸に憑いた悪霊を祓っていただきたいのです」

そう言って頭を下げるのは品の良さそうな中年女性。隣には憔悴《しょうすい》し切った表情の子供が、中学校の制服を着て正座している。

「何があったのでしょうか」

住職が訊ねると母親は横目で息子を見つめながら話す。

「この子は近々、高校受験を控えていまして……仲の良い同級生と二人で近くの神社へ合格祈願に向かったそうなのです。その日をきっかけに、毎晩恐ろしい夢を見るようになったらしく、勉強にも集中できないようで……他にも……」

「他にも？」

「……ほら、自分の口で言いなさい」

横から母親に肘でつつかれ、息子は独り言のように呟く。

「……身体中が針で刺されているように痛くて……まっつんも事故に遭ったって聞いたし……」

「まっつんというのは、一緒に祈願した友人だね？」

住職の問いに、輝幸は頷いてみせる。

「病院にも連れていきましたが、成長痛や受験のストレスからくる神経痛じゃないかと言って、はっきりとしたことなど仰ってはくれませんでした。これで受験に落ちでもしたら——」

「その制服……近くの神社というのは、牛窓神社か？」

母親の話を遮って更に訊ねた。輝幸は更に頷く。

「成程……輝幸君、我々に何か隠し事があるだろう」

えっ、と両者が思わず驚きの声を漏らす。だが住職には確信があった。

目をまっすぐに見つめ、告げられる言葉を待つ。その沈黙に相手は耐えられなくなり、口を割ってしまう。

「……まっつんが……神社に置かれているものには、力が込められているから……だから落ちていた石を拾って……」

「持ち帰ったのか」

住職は溜息を吐き、頭を抱える。狼狽《うろた》える母親は「あの」と声をかけた。

「ただの石、ですよね……？　それが何か問題になるんですか？」

「石には鉱物霊が宿っており、参拝に訪れた無数の人たちの悲しみや苦しみの念、現世利益をひたすら求める我欲の念が籠もりやすい。御神域にあるものは持ち帰るべからず……息子さんには禁忌を犯したことによる罰が降りかかっているのです」

「ど、どうすれば……何をすれば……」

「石は、まだ手元に？」

「……怖くなって捨てた……近所のコンビニのゴミ箱に」

「身体が痛むと言っていたな。見せてもらうことは可能か？」

素直に住職の言うことを聞き、上着を脱ぐ少年。背中や腕が赤くなっている。

「これは……急いでお祓いをしたほうがいい」

着衣してもらい、お祓いの準備を進める。

住職はこの時、思ったらしい。

(霊障が進行している。一週間遅ければ大変なことになっていたかもしれん)

時間をかけ、しっかりとしたお祓いを行った。とりあえず、これで恐ろしい夢を見ることはなくなるだろうし次第に身体の痛みも消えるだろうと告げると、母親は泣きそうな顔で感謝してくれた。

——だが、その日の深夜に事態は急変する。

『もう大丈夫だと仰っていましたよね⁉　どういうことですか！』

電話から聞こえてきたのは、輝幸君の母親からだった。

「落ち着いて状況を説明してください」

『輝幸が苦しんで暴れ始めたのよ！　救急車を呼んで、集中治療室に運ばれたわ！』

病院の待合室にいるが、怒りが抑えきれず電話をかけてきた様子。

「今すぐそちらへ向かいます」

住職は急いで服を着替え、車にて教えてもらった病院を目指す。

到着したのは明け方近く、輝幸君は一般病室へと移されていた。母親に事情を聞くが、何も答えてはくれない。どうするべきかと困りながら朝を迎え、回診の時間となった時に主治医から声をかけられる。

「彼のお父様でいらっしゃいますか？」

「いいえ。私はこういう者です」

名刺を渡し、今日の出来事を話す。医師は腕を組み俯いてみせた。

「立場上、貴方の仰る霊障というものを鵜呑みにする訳にはいきません。彼の背中は広範囲の火傷を負っており、私は虐待が行われていたのではないかと推測しました。けれど……」

医師は周りに聞かれるのを配慮してか、住職との距離を狭めて小声で話し始める。

「つい先日、今回と似た症例の患者を診ました。父親が運転する車の助手席にいて、事故に見舞われたのですが……ここへ運ばれた時、酷い火傷状態となっていました。車が炎上したのかと訊ねると、フロント部分は大破したが火は出ていないと言う。ならばなぜ、少年はこのような状態になっているのかと不思議に思った訳です」

「……その子供、まさか……」

「今も入院されてますが、どうしますか？」

住職は持参した数珠を取り出し、医師に向かって告げた。

「面会をお願いします」

個室の扉を叩き、住職は中へ入る。ベッドに座り、虚ろな目で窓の外を眺める少年に住職は話しかけた。

「君が、まっつんか」

振り向いた表情は驚きに満ちている。住職は相手の目を見つめながら、ゆっくりと質問を繰り出した。

「友達の輝幸君が、つい先程病院に運ばれてきた。大きな火傷を負って、な」

がくがくと少年の身体は震え始めた。しかし住職は意にも介さない。

「彼は母親とともに私を頼って除霊に来た。こちらもキッチリと仕事をこなしたつもりだが、また霊障は起こってしまった。それはなぜだと思う？」

椅子を寄せて座る。二人の距離は息がかかるほど近い。

「原因は君達が牛窓神社から石を持ち帰ったこと。輝幸君は怖くなって捨てたと証言している。君は石をどうした？」

「ぼ、ぼくは……ぼくは……」

「安心していい、私が必ず祓う。だから正直に答えてほしい」

まっつんは涙を流しながら謝罪する。そして語った。

「お父さんに話したら怒られて……すぐ返しに行くぞって車を出してくれて……その途中で事故に遭って……石は、どこにいったか分からない……けど……」

「けど、何だ？」

「……あの日、僕は……彼のカバンに……隠れて……石を……」

つまり輝幸は、本人も知らないところで呪いの元を持ち続けていた、それこそ除霊が効かなかった理由。

「よく話してくれた。退院したら、すぐに私が除霊を――」

「た、大変です！　輝幸君が……！」

女性看護師が病室に飛び込んできて、住職は駆け出す。

「輝幸ッ！　輝幸ぃいいいいっ！」

廊下では母親が涙を流しながら絶叫し、両脇を看護師に支えられている。その横を通り中へ入ると、こちらも地獄のような光景が広がっていた。

先程の医師が女性看護師と一緒になって暴れる輝幸を押さえつけている。目を疑ったのは輝幸の身体から湯気のようなものが出ていること。

只事ではないと判断した住職は、数珠を取り出し念仏を唱える。邪気を祓うため、輝幸の背中に触れた瞬間――激しい痛みが住職を襲う。

けれど住職は手を離さない。慌てた看護師が引き離そうと近寄るが、医師はそれを制す。

「――――」

念仏は続き、次第に輝幸も落ち着いていく。一部始終を見ていた医師は「……何ということだ」と感嘆の声を上げる。

「きゃあっ！　あ、あなた……手が……！」

女性看護師が指差したのは、住職の手。それはまるで焼け石を掴んだかのように焼けただれていました。当然、人の皮膚に触れただけではこのような状態になるはずもない。

「……目の当たりにしてしまっては、認めざるを得ん……」

医師はそう言って、住職の手に治療を施したと言う。

話を聞き終えた後、私はじっと住職の手を見つめた。

ちなみに、輝幸達や残された石はどうなったのだろう。それが気になる。

「母親の許可を貰い、輝幸君の部屋を捜索させてもらった。彼のカバンには、まっつんが証言した通り石が出てきた。更に……」

他にも何かあったのだろうか。

「彼は怖くなって、自分が持ち出した石を近くのコンビニへ捨てたと言っていた。事前にどんな石だったか聞いてみたが、端に特徴的なXの傷が付いていたらしい。どうにも部屋から居心地の悪い空気を感じていてな。徹底的に探ってみたら見つけたよ、ベッドの下から——Xの傷が付いた石を」

……そんな馬鹿な。捨てたはずの石が戻ってくるなどありえない。

「実際の所は分からん。だが全国には数々の焼き討ち神社が存在してな……有名なものだと比叡山延暦寺か。牛窓神社も例に漏れず、その流れを汲んでいるのかもしれん」

焼き討ち神社——とんでもないキラーワードだ。

「随分と話し込んでしまった。どれ、せっかくなので頂いた土産を一緒に食べようじゃないか」

包装された紙を破りながら住職が言う。私は思わず「あっ」と声を漏らす。

中身を見た瞬間、住職も引きつった笑みを浮かべた。

「……よもや焼き菓子とは、皮肉が効いているな……」

沈黙する私達を、お茶を持ってきた奥様が不思議そうな顔で眺めていた。

心霊物件（倉敷市）

「最近、同じサークルの友達が引っ越しをしたらしいんだけどさ」

食堂で、ヤマさんが話題を振ってきた。

「そこが『いわくつき物件』で、家賃も破格だったらしい」

いくらなのか訊ねると、倉敷で一〇畳のリビングと六畳の和室、トイレと風呂も別の一軒家ながら家賃が四万円だと言う。破格すぎる。

「最初におかしいと誰もが思うわな。不動産屋としても、聞かれたら正直に答えなければいけない規則があるんだと。でも友人は全く気にしない性格だったし、この値段なら多少の問題があってしかるべきと考えた訳」

やめておけばいいものを、と呟きながら私はコップに注がれた水を飲む。

「そんな強気だった友人が、僅か一週間でギブアップ。しばらくは大学も休んでいたが、ようやく気持ちの整理が付いたようでまた講義に出てきたから、早速話を聞いてみた」

放っておいてあげればよいものを、彼も可哀想に。

「詳細を聞いてはいるが、それを今ここで話すのはつまらない。その物件に行ってみて、本当に心霊現象が起こるのか検証してみようぜ」

とんでもないことを言い出す。とはいえ、その友人は退去しているのだから調べるなんて不可能だ。

「ちっちっち、俺を誰だと思っている。既に不動産屋へ連絡を入れ、来週末に内見させてもらうよう頼んでおいた」

行動が早すぎる！　私に予定が入っていたら、一人で行くつもりだったのか？

「トシに予定なんて入らないだろ」

おおっと、これは聞き捨てならない。名誉棄損だ、弁護士を呼べ。

「予定があるのか？」

ありません。

そんなことがあり、私達は話題の物件にやってきたのである。

不動産屋へ赴き、内見を頼んだことを伝えると気の良さそうな男性がやってきた。

「車を出しますので、どうぞ」

にこやかに対応してくれながら、私の心は痛む。最初から借りるつもりなどなく、ただ心霊現象が起こるか確かめるだけなのだから。

不動産会社のロゴが大きく描かれた車に乗り、私達は現場へ向かう。三〇分程進んだ後「もうすぐですよ」というので窓の外を注視するが、周囲にスーパーやコンビニはおろか家も少ない。

「随分と寂しい所ですね」

助手席のヤマさんもそれは感じたようで、思ったことを口にする。

「静かで落ち着くという方も多いですよ。山に囲まれて空気も綺麗ですし」

むしろ山に囲まれていない場所のほうが岡山は少ないと思ったが、わざわざ伝えることではないので何も言わない。

車はそのまま駐車場で停まり、私達は外へ出る。

「どうぞ、こちらの家です」

こぢんまりとした古い一軒家、最初の印象はそんな感じだった。

「築三〇年ですが、内装はリフォームされているので綺麗ですよ」

玄関へ向かい、不動産屋が鍵を取り出そうとしている時――私の背中に痺れが生じる。

確かにここは……何かが起こりそう。

「……やっぱり、そうなのか？」

ヤマさんが小声で訊ねてきたので、私は頷く。

「ああ、すみません。開きました」

扉の鍵が開き、中へどうぞと言ってくる。正直もう入りたくない気分だが、それでは検証にならないので我慢して進む。

「へえ、確かに中は綺麗なんですね」

フローリングの床や浴槽などをチェックする。人が部屋で亡くなり放置された場合、痕跡は強く残る。なぜかというと腐敗するからだ。もし部屋の一部が不自然に造り変えられていたら怪しいと思うべき。

だが、特別その箇所に違和感はない。けれども私には分かるのだ。

この家で何かがあったということが。

「これで四万円とか、凄いですよねぇ。もしかして元は墓場だったとかありません？」

いわくつき物件じゃないかと直接聞くのではなく、情報を得るために話題を出すヤマさん。ほんの一瞬だけ、不動産屋が引きつった表情をしたように思える。

「いいえ、そんなことはありませんよ」

「前に住んでいた方は、どうしてこんな良物件を手放したんでしょうねぇ」

「……体調不良だと聞いております。実家で療養するためにやむなく、ではないでしようか」

「あぁ、そうなんですか」

「なのでお客様は非常に幸運ですよ」

「成程。もし自分が借りられるのなら借りたい、と」

「……そう、ですね。はい」

更に話を聞き出そうとするヤマさんだが、不動産屋が突然「すみません、電話が鳴ったようなのでちょっと失礼します」と言って家から出ていってしまう。

「嘘つけ、電話なんて鳴ってなかったじゃねぇかよ」

玄関扉を睨みながら呟くヤマさんには何も答えず、私はずっと部屋の中を物色していた。

「何か感じるか？」

私が部屋のクローゼットに近付いた時、異変は起こる。

『――――ア――――アア――――』

物音……いや、どこかから声が聞こえた。振り返りヤマさんを見ると、彼にも聞こえたようで辺りを窺っている。女性……いや違う。赤ん坊の泣き声……？

呼吸を整え、私はクローゼットに手をかけた。針を刺すような背中の痛みが私に警告を出している。やめろ、これ以上は踏み込むなと。

唾を飲み込み、腕に力を込めた――次の瞬間。

ドンドンドンドンドンドンドンドンッッッ！！！

クローゼットの中から殴るような音が聞こえてきた。

「う、うおぉおおおおおおおおっっ!?」

ヤマさんは驚き、その場に尻もちをついてしまう。私もクローゼットから手を離し、ここから出ようと申し出る。当然、反対の声など上がらない。

逃げるように外へ出ると、煙草を吸っていた不動産屋が慌てて火を消し、素知らぬ顔でこちらに向かってやってきた。

「どうされました？　もう内見はよろしいのですか？」

めずらしく怯えて何も言えないヤマさんの代わりに、私が「……ええ、もう十分です」と答える。

ヤマさんが後から仕入れてきた噂だが、やはりあの家で事件は起こっていた。

数年前、カップルが住んでいた時の話である。彼氏であるAは遊び癖が酷く、他に女を作って家に帰らないことが多かった。

ある日、彼女のBが妊娠していることが分かった。Aは堕ろせと命じたが、Bにその費用はない。結果、病院にもいかず一人その家で子供を産み落とした。

このままでは自分も捨てられると思ったBは、子供に布団をかぶせてクローゼットの中へ放置、赤子は死亡した。

当然、そんな事態を隠し通せる訳もなく近隣住人の通報によって事件は明るみとなり、Bは逮捕されることとなった。

その後も部屋を借りる者は、赤ん坊の泣き声を聞いたり悪臭に見舞われたりしたという。

ヤマさんの友人に至っては勝手にクローゼットが勢いよく開いたり、常に誰かに見られているような視線を感じたりしてノイローゼになったらしい。

不動産屋もホームページで入居者を募ったが、写真を撮る度に不気味なものが写るので口コミによる募集しか叶わなかったと聞く。

噂の真偽は定かではないが、あの時クローゼットから聞こえた声と音を思えば、あながち嘘とも思えない。


店まで戻ってきた私達。車中では誰も一言として喋ることはなかった。

「……えぇと、お疲れ様でした！」

努めて明るい声を出す不動産屋。しかし私達の表情は暗い。

「上司とも相談をいたしまして、家賃に関して更に勉強させていただくことも可能です！　いかがですか、是非御検討を！」

私とヤマさんは、にっこりと微笑んだ後に同じ言葉を発した。

「「結構です」」

血吸川（総社市）

住職から相談を持ち掛けられ、言われた日時に御自宅へ伺うと先客が来ていた。小学校低学年くらいの男の子と、その母親である。

「トシ、よく来てくれたな。まぁ座って話を聞いてくれ」

私は部屋に入った瞬間、異様な雰囲気に気付いた。何度もお邪魔している居間なのに空気が重く、息苦しい。

その原因は、はっきりしている。『この子供だ』と。

数々の心霊現象を体験したが、別格とも言える圧迫感。隣にいる母親は、よく平気でいられるものだと眉根を寄せる。

「……気付いたか」

住職が囁く。私は微かに頷き「吐きそう」と告げた。

「えー、急な申し出に応じていただきありがとうございます。改めて状況を整理しましょう」

最近体調を崩し、微熱が続いていた住職は大学病院で診てもらうことに。診察も終わり待合室で名前が呼ばれるのを待っていた時——この親子に出会ったという。

住職にはこの時、子供の背後に巨大な男の顔が浮かんでいたらしい。私にはそこまではっきりしたものが分からなかったが、「巨大」というフレーズはイメージで分かる気がした。

只事ではないと思った住職は、自分の身分を明かした上で親子に声をかける。

二人が病院を訪れた理由は、子供の治療だった。二週間程前、子供は友達と外で遊んで戻ってくるなり、左目が痛いと言い出した。

見た目には異常なかったが、あまりにも泣くので病院へ。診断の結果は特に問題ないとのことだったが、念のために点眼薬を貰った。

しかし目の痛みは引かないどころか、白目部分が赤く染まってしまう。二度目の診察を行った際に「結膜下出血ではないか」と言われる。

どうも確証を得ないものの言い方に不安を感じながら病院を去ろうとした時、住職に声をかけられたという経緯らしい。

「少年、君の名前は……」

「………岸本大悟です……」

住職に声をかけられ、緊張した面持ちで子供は答えた。左目が痛むのか眼帯を触ろうとして、隣の母親から諫《いさ》められている。

「大悟君。目が痛くなる前、友達とどこで遊んでいたのか教えてくれるか？」

「……総社にある、川の近く……」

「あんた、そんな遠くまで行ってたの？」

自宅からは離れているようで、自転車で遠出した様子だ。

住職は地図を取り出し、場所を割り出す。

「……左目と聞いて予感はしていたが……やはり血吸川か……」

その恐ろしい単語から、母親が目を丸くする。

「い、いえあの……なんですか、その……血吸川というのは」

「お母様は地元の人間ではないのですね」

「え、ええ……主人の出張で去年、和歌山からこちらに……」

「お子さんが怪我をした場所は『忌み地』と呼ばれる場所なのです」

忌み地とは――過去に何らかの穢れが生じ、災害や事故が発生しやすい土地のこと。心霊スポットと一緒に考えそうだが、悪霊の集う場所と悪神の留まる土地ほど違いがある。

「後に『桃太郎』として語られる逸話なのだが――」

かつて、温羅《うら》と呼ばれる鬼がいた。両目は獣のように輝き、髭《ひげ》と髪は炎のように赤く、体躯は四メートルを超える怪力の持ち主。標高約四百メートルの場所に城を築き、貢物や婦女子を略奪しては人々に恐れられていた。

討伐の勅命を受けた『吉備津彦命《きびつひこのみこと》』は温羅との激戦を繰り広げる。命の放った二本の矢のうち一本は温羅の投じた大岩とぶつかり、もう一本は左目を貫いた。

敗北を悟った温羅は自身の姿を鯉に変え川に逃げ込むが、命はそれならばと鵜に姿を変えて温羅を噛み、見事捕縛することに成功する。

その後、温羅は首を刎ねられるが尚も唸り声を上げ続けたため、人々は吉備津神社御釜殿《おかまでん》のかまど下に埋葬。けれど温羅は一三年もの間、ずっと唸り続けたという。

「この温羅伝説に纏わる場所はいくつも残されている。温羅が身を置いていた

『鬼ノ城《きのじょう》』、吉備津彦命が放った矢を防ぐために温羅が投げたとされる『矢喰宮《やぐいのみや》』、自身が鶉となり温羅に止めをさした『鯉喰神社《こいくいじんじゃ》』、温羅の首を埋めたとされる御釜殿がある『吉備津神社』そして……左目を負傷し、流れた血で赤く染まったというのが……」

大悟君が怪我をした、血吸川……。私が呟くと、住職は静かに頷く。

「そ、そんな！　では、どうすればいいんですか!?」

縋る母親に対して住職は「安心してください」と告げる。

「除霊を施します。勿論、代金などは頂きません。ですが――」

ずいと、住職の顔が大悟君に近付く。まっすぐな視線を当てられ、少年は逃げることもできない。

「正直に、全てを話すことが条件だ。少年、君は本当に遊んでいただけなのか？」

「――うう……ううううう……！」

「なぜわざわざ自転車を漕いで、あんな場所まで向かったんだ？」

「ぼく……は……ぼくは……！」

住職は大悟の両肩に手を置く。びくんと跳ね上がる小さな身体。心配そうに見守る母。私は動かず、ただことの成り行きを静観した。

「大丈夫だ、何も恐れることはない。わしが、仏様が、お前を守ってやる」

「――ぅ……うわぁああああああああん!!」

大悟は涙を流す。住職に抱きしめられながら。

聞けば、同級生グループにイジメを受けていたらしい。転校生ということで初日にチヤホヤされたことをやっかみ、標的にされたようだ。血吸川へ向かったのも、そのグループに追い掛け回されてのことだった。小高い場所から押されて転げ落ち、怪我を負ったと言う。

「あんた、何で……お母さんに黙ってたの!?」

「男の意地だよなぁ。負けを認めたくなかった、そうだろう？」

住職の言葉に、大悟は頷く。

「だがな大悟、母ちゃんに心配をかけちゃ駄目だ。分かるよな？」

「………………ごめんなさい…………」

「……大悟……いいのよ。私も気付いてあげられなくて、ごめんね……」

素直に謝る子供を、母親は抱きしめた。

「よし。んじゃこちらも、気合いを入れて祓わないとなぁ」

パン、と両頬を叩きながら住職が声を上げる。そう、問題はまだ解決していない。

相手は鬼の祟り、そんじょそこらの除霊では太刀打ちできないだろう。話を聞いている最中も、私は何度もこの場から離れたいと思っていた。

「温羅の地を巡り祈祷していく。正直、それでうまくいくかどうか分からん」

堂々と不安になるようなことを言わないでほしい。けれど話を聞いた以上は私も無視などできない。協力は惜しまないつもりである。

「流石トシだ。では早速明日早朝から鬼ノ城へ向かうぞ」

……そういえば話の中で、鬼ノ城は標高約四百メートルの場所にどうとか……。

「よく覚えてるじゃないか。丁度いい機会だ、お前はもっと身体を鍛えたほうがいい」

……本気、なのだろう。長い付き合いだから彼の性格は分かっている。

「何卒、よろしくお願いいたします」

大悟の母に頭を下げられ、私は「……任せてください」と引きつった笑顔で答えた。

これも男の意地、というものだろう。

その後、大悟の目は嘘のように元へ戻ったらしい。お礼にということで高級なピオーネをわざわざ住職の元へ持ってきたそうだ。

大悟をいじめていたグループに関しても、住職が彼等の元へ挨拶回りをしたと言っていた。筋骨隆々の強面おじさんに挨拶されるなど、トラウマでしかないはずだ。

筋肉痛で湿布だらけの足腰を擦りながら、私は住職に訊ねた。本当にこの世に鬼が存在しているのか。

「大袈裟に物事を言っているだけだろう。温羅は国外の戦から日本へ逃げてきた韓人である説が有力と言われている。自らを「百済の王子」と名乗っていたようで、共に乗船していた技術者集団から造船や製鉄の技術をこの地に伝授したのだとか。そのせいで我が国のお上が彼等を脅威と判断し、戦を仕掛けた。黙って殺される訳にもいかないから応戦した結果、命を落とすことになったのだろうなぁ」

無論、それもまた一つの説でしかない。だが、それが事実ならば呪いを込める気持ちも分かる。彼等はただこの地で平穏に過ごしたかっただけなのに。

「大悟君の件もそうだ。転校生という余所者は、攻撃の対象にされることが多い。人は変化を嫌うものだ。変化なくして成長もないというのに」

もしかしたら温羅は、自身と似た境遇の大悟だから憑いたのかもしれない。

不思議な縁を感じながら高級ピオーネに手を伸ばすが、置かれていたのは茎と皮。

満足そうな住職の横顔を眺めつつ、私は呪いを込めるのだった。

広島岡山の怖い話

2021年6月4日　初版第一刷発行

著者……………………………………………………………………………… 岡 利昌
カバーデザイン…………………………………………… 橋元浩明（sowhat.Inc）

発行人………………………………………………………………………………後藤明信
発行所……………………………………………………………………株式会社　竹書房
〒102-0075　東京都千代田区三番町8-1　三番町東急ビル6F
email: info@takeshobo.co.jp
http://www.takeshobo.co.jp
印刷・製本……………………………………………………………中央精版印刷株式会社